完全図解

見るだけでわかる！

ダイエットの新習慣

医学博士
池谷敏郎

朝日出版社

はじめに

こんにちは。池谷医院、院長の池谷敏郎です。

テレビや雑誌、インターネットなどでは「血管の専門医」「血管若返りの専門医」などと紹介いただくことが多いのですが、私が目指しているのは病気になる一歩手前の「未病」で予防する、「古くて新しい予防医学」です。

わかりやすくご説明すると、一般の検査数値だけにとらわれず、食事はどんなものを食べているのか、体をどれくらい動かしているのか、血管年齢はどの程度なのかなどをチェックし、患者さんに正しくご自身の状態を理解していただいたうえで、患者さんご自身が生活習慣を改善することで病気になる前に予防、改善することを目指しています。

そのためには血管の若返りが不可欠です。というよりも、むしろ生活習慣病の予防を心がけることで、自然と血管が若返り、見た目にも若々しくなるという、うれしい結果がついてくるのです。

ダイエットの本なのに、どうして病気の話が、と思われるかもしれませんが、ダイエットと高血圧や糖尿病、脂質異常症などの生活習慣病は、とても深く関係しています。

ズバッと言ってしまいましょう。

生活習慣病のほとんどはやせれば治ります。もし、あなたが肥満によって悪化した血圧や血糖、コレステロールなどの異常に対して薬を飲んでいるのであれば、そのほとんどはやせれば飲む必要がなくなります。

患者さんのなかには「どこの病院に行ってもよくならない」とおっしゃる方が多いのですが、実はこれは、**「どの病院に行っても私は太ったままである」**のと同じことなのです。

健康的に体重や体脂肪を減らすダイエットは病気を治す、病気にならないための特効薬である。これは、医師としての経験、そして過去に太っていた自分自身の経験、両方から確信を持って言えます。

ダイエットに成功すると、血圧や血糖値、中性脂肪、コレステロールなどの数値がよくなるだけでなく、疲れやすい、むくみ、肩こり、腰痛などいろいろな不調も改善します。

さらに、体型が変わればファッションも変わって若々しくなりますし、考え方も変わります。太っていなかった、若かりし頃に戻ってはつらつとします。引き締まった体になれば健康的に若々しくなっていいことばかりということは、もうみなさんわかっていらっしゃるでしょう。

ところが、いったん太るとやせるのはなかなか難しいのです。太ってしまった現実をどこかでもういいやと思ってしまったり、もしくは、「まだ自分は大丈夫」と太ってしまった現実から目をそらしてしまっていたり……。

体重は一気に増えるわけではありません。徐々に増えて太っていくから、客観的に見られなくなり、自分が太っていることに気がつかないということも……。

そもそも、太ってしまうのは、食事をはじめとした毎日の生活が太りやすいものだからです。やせるためには、**自分が太っている現実をしっかり把握して、自分の生活そのものを見直す**必要があります。とても単純なことなのですが、実はこれがいちばん難しい。それは、自分自身の経験から実感したことです。

今でこそ、太っていない私ですが、30代後半は身長１７３㎝に対して体重は79kgとぽっちゃり体型でした。医師という立場で太っているのはいかがなものかということと、何より、太ってオジサンになってしまった自分をどうにかしなければと一念発起し、40代になってから若返りとダイエットのための健康法を実施したのです。

その結果、ダイエットに成功し、**54歳の現在、体重は64kgをキープし、実年齢よりも若く見える**と言われています。

健康的に若々しくやせられたのは、**効果があって確実にやせられるダイエット法を厳選して実践**したからです。

世間にはダイエットに関する情報がたくさん紹介されていますが、なかにはまったく意味がないものだったり、一時的には体重が減っても健康によくないものだったり、理想的ではあるけれども現実に即していなかったり、健康的にやせられないものや続けられないものがあります。

例えば、今人気のココナッツオイルは、糖質制限をせずにとると体脂肪が減ることなく失敗してしまいます。りんごだけを食べる、バナナだけを食べるというダイエットが人気でしたが、ずっと続けられるわけもなく、元の食事に戻ればまた太ってしまいます。

また、食べる量を減らせば体重は減りますが、急激にやせると肌がカサカサして老けたイメージになってしまうこともあります。病気でもしたんですかと言われてしまっては、せっかくダイエットしたのにもったいないことです。

ダイエットで大事なのは続けること。一時的に食事を変えたとしても、続けられず太っていた頃の食事に戻れば、しばらくするとまた体重は増えてしまうでしょう。いわゆるリバウンドです。リバウンドしないためには、ずっと続けられることが大切です。

本書では**たくさんあるダイエット法のなかから、効果があって続けられるものを厳選して紹介**しています。自分自身の経験や患者さんの感想などから「これならできる」と自信を持っておすすめできるものばかりです。

本書で紹介していることを実践していれば、**体重は自然と減っていき、健康的に若々しくやせられます**。

「自分はこのままでいい」と思った方は、この本は必要ありません。「これじゃいけない、やせたい」と思った人はぜひ読み進めてください。

本書は、「やせたい」というあなたの願いを叶えるための情報がつまっています。そして、ただやせるだけではもったいないので、**健康的にやせてきれいになるためのヒントやアドバイス**も紹介しています。

本書が美しくやせたいと願っている人の一助となることを願っています。

池谷敏郎

ダイエットの新習慣●目次

誰でもカンタンにやせられる!!　池谷式ダイエットメソッド35

池谷式カンタン・ダイエット

池谷式ダイエット ４つの柱

たくさん制限のあるダイエットは続けられません。池谷式ダイエットではこの４つを守っていただくだけでかまいません。自分のできることから始めましょう。

食事

肥満の原因となる〝糖質〟（ごはん・パン・めんなど）をそれまでの２分の１に減らします。野菜、タンパク質（肉・魚介類・卵・乳製品・大豆製品）は、不足しないようしっかりとりましょう。

行動

ダイエットを決意しても〝食べたい〟という欲求におそわれることはあります。そんなときには、おなかの肉をつまむ、体重をはかるなどして、「やせたい」というモチベーションを高めましょう。小腹がすいたら軽く運動して気分転換を。

運動

激しい運動をする必要はありません。歩く距離を増やす、掃除をするなど日常生活の動作を増やすことから始めましょう。ゾンビ体操やスクワット、腹筋などの運動を追加すればさらに効果アップ。

入浴

毎日の入浴は脂肪を燃焼させる絶好のチャンスです。入浴タイムをダイエットに活用しましょう。湯船につかる時間がない場合には、ゾンビ体操とシャワーを組み合わせると脂肪燃焼効果がアップします。

ダイエットではココが大切！

ダイエットは食事や運動を一時的に変えるのではなく、太りにくい食習慣や生活習慣を身につけることが大切です。本書ではダイエットに役立つことを、できるだけ実践しやすいものを中心に紹介しています。すべてを完璧にこなすのは難しいかもしれません。無理なく続けるためには、自分のできることから始めて、徐々にそれを増やしていきましょう。ダイエットを続けていると、体重が一時的に増減することもありますし、減りにくい時期もあります。数字にあまり振り回されることなく、１週間、１か月など長期的にみて減っているかどうかをチェックしましょう。もし、１か月続けても体重に変わりがない場合は、ダイエットの記録を見直して、糖質の制限を少し厳しくする、おやつを減らす、運動量を増やすなどしてみてください。

これだけは続けよう！

毎日の習慣チェック

1 **糖質（ごはん・パン・めん）をそれまでの2分の1にする。**
間食にも注意する。

2 **日常生活のなかでよく動くようにする。**
毎食後ゾンビ体操を行うようにする。

3 **毎日、起床後と就寝前の2回体重をはかる。**

4 **魚を積極的に食べる。**
（アマニ油やエゴマ油を活用してもOK）

5 **毎日の入浴で効率よく脂肪を燃焼する。**
（時間がないときにはゾンビ体操＋シャワー浴でもOK）

書き込み式 ダイエット確認シート

がんばった日は **A**　まあまあの日は **B**　あまりできなかった日は **C**

4週目	3週目	2週目	1週目	
				月
				火
				水
				木
				金
				土
				日

週末の体重	週末の体重	週末の体重	週末の体重
起床時　kg	起床時　kg	起床時　kg	起床時　kg
就寝時　kg	就寝時　kg	就寝時　kg	就寝時　kg

目標体重は　　　kg

Dr.池谷の1週間の夕食

右の空欄（スペース）にあなたの食べた1週間の食事を
糖質の量に注目して書き込んでください。
Dr.池谷の1週間の夕食メニューを参考にしましょう。

Dr.池谷のメニュー　／　あなたが食べたメニュー

月曜日

おかずでじゃがいもを食べたのでごはんはナシ

外食

●牛肉のステーキ（つけ合わせはフライドポテト、ほうれん草のソテー）
●バーニャカウダ（野菜はキャベツ、ブロッコリー、にんじん、かぼちゃ、じゃがいも、しめじなど）

火曜日

玉ねぎと豆腐をたっぷり入れてボリュームアップ

自作の麻婆豆腐

●麻婆豆腐（挽き肉、豆腐1丁、玉ねぎ1個）
●日本酒1と1/2合

昼食にサンドイッチを食べたので夕食は糖質を控える

水曜日

おかずが多めでおなかが満たされたのでごはんはなしに

●鮭のホイル焼き（つけ合わせはブロッコリー、にんじん、玉ねぎ、エリンギ）
●サラダ（ゆで卵、白菜、鶏肉、ローストアマニ）
●ほうれん草とじゃこの炒め物
●トマトスープ（玉ねぎ、ハム、豆腐入り）

木曜日

**多めの玉ねぎと卵を加えて
チャーハンにすれば米を減らせる！**

●小籠包６個　●ピリ辛きゅうり
●鶏の竜田揚げ　●小松菜の炒め物
●わかめスープ
●チャーハン（小鉢に軽く１杯）

金曜日

**サラダ（野菜のおかず）は
必ず１品つけて**

●餃子２個
●サラダ（ゆで卵、キャベツ、玉ねぎ、蒸し鶏）
●クリームシチュー
●ごはん（小鉢に軽く１杯）

土曜日

**野菜たっぷりなら
たくさん食べてもOK**

●クリームソースハンバーグ1/2個（つけ合わせはブロッコリー）
●玉ねぎとトマトとピーマンの卵炒め
●ほうれん草とじゃこの炒め物
●サラダ（きゅうり、コーン、蒸し鶏、アマニ油入りドレッシング）
●豆腐としめじのみそ汁
●日本酒1/2合、ノンアルコールビール１缶

日曜日

肉と魚でタンパク質をしっかりとる

●ぶりの照り焼き 大根おろし添え
●鶏肉とれんこん、にんじん、いんげんの素揚げ　●肉豆腐
●野菜の具だくさんみそ汁
●雑穀米、漬け物

ダイエットの前に〝鏡を見よう〟

〝はかる〟〝つまむ〟〝見る〟がスタート

今度こそやせたい、そう思ってこの本を読んでいるあなたは、今まさに**ダイエットの第一歩**を踏み出したところです。ダイエットを成功させるために、まずは**自分がどれくらい太っているか**を客観的に知ることから始めましょう。

最初に、体重計に乗って自分の体重が何kgあるのかチェックします。

体重をはかり、おなかの肉をつまみながら鏡を見て、若い頃の自分と比べてみてください。

スマートな若い頃と体重が変わっていないあなたはすばらしい！　あえてダイエットする必要はありません。もともと太っていれば別ですけれど、若い頃とほとんど変わらない体重をキープできているということは、太りにくい生活を送っています。今の生活を続けましょう。若い頃から太っていた場合は、もちろんダイエットをおすすめします。

もし、20代の頃に比べて10kg以上太っているのであれば、それはあなたが**太りやすい生活を送ってしまっている**という現実を示しています。

鏡に映った自分を見てどう思いましたか？

おなかがでて、あごの下がたるみ、しまりのない体になっている。鏡に映った自分をそう感じたとき、

まずは自分を知ることから！

体重をはかり、おなかの肉をつまんでみよう。
鏡に映ったあなたは
どんなふうに見えますか？

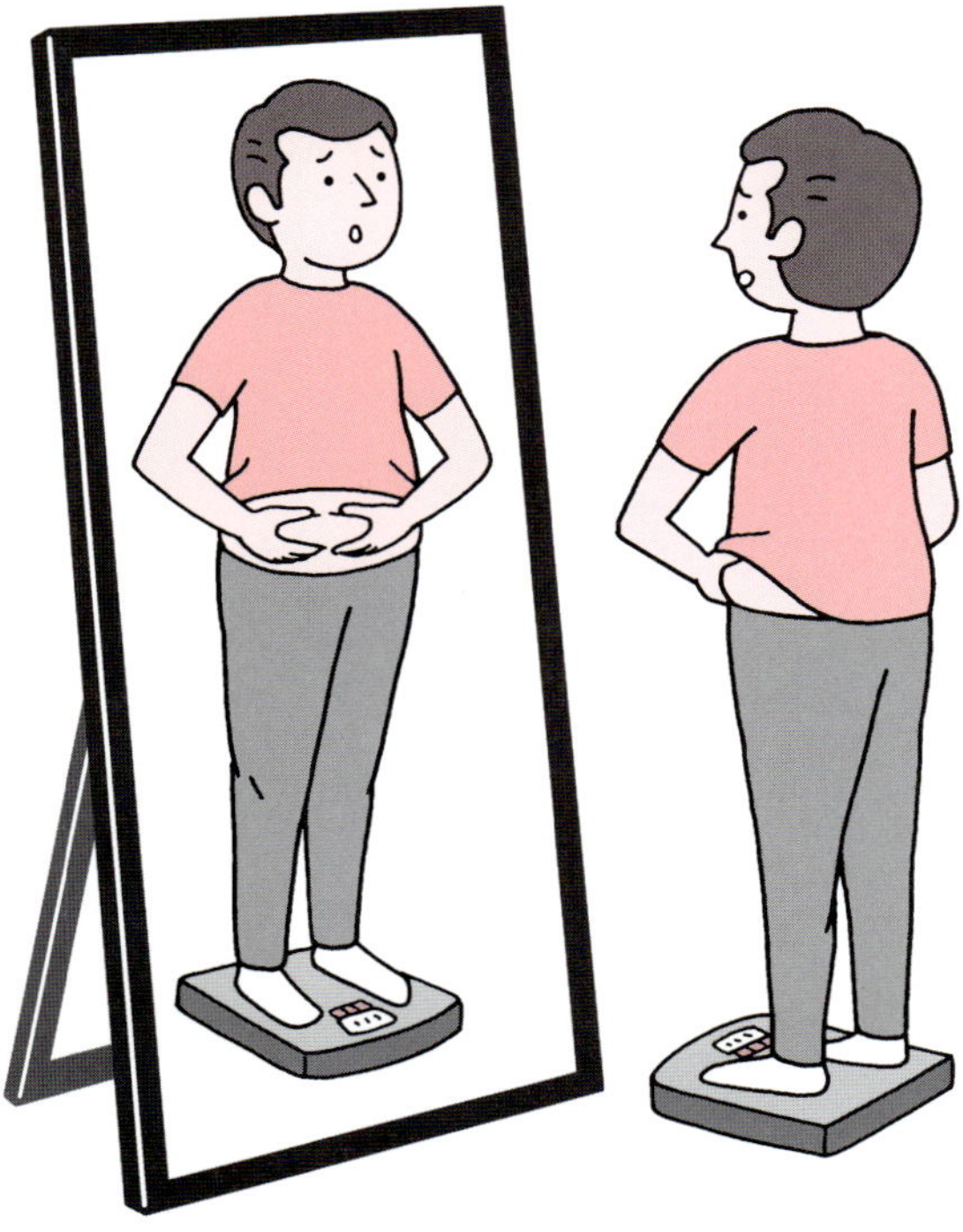

あなたのダイエットがスタートします。

自分が太っていないか客観的に見る

体重が徐々に増えているときは、体重計に乗らなくなったり、ベルトを締めたときにはみ出るおなかの肉を見てみないふりをしたり、食べすぎても気にしなくなったり、自分に都合の悪いこと（太ったという現実）から目をそらしてしまいがちです。

また、体重が増えて体型が変わってくると、ダボッとしたシルエットの服を着たり、ワンサイズ大きな服を買ってきたり、太った体を隠してごまかそうとします。

私もかつて太っていた頃はそうだったので、こうした気持ちはよくわかります。多少、体重が増えても「まだ大丈夫」「以前とそんなに変わっていない」と思って、まあいいやと流してしまうのです。体重が増えていること、自分の体型や見た目が変わっていることに鈍感になってしまうからでしょう。

自分自身がそうだったから、とてもよくわかります。ただし、こうなると、おデブ生活からの脱出は難しくなります。ダイエットでは、まず体重計に乗り、おなかの肉をつまみ、**鏡を見て現実の自分を客観的に見ることから始まる**、そう実感しています。

なかには、若い頃からぽっちゃりしていたという人もいるでしょう。その場合は、自分の適正体重を知ることから始めましょう。肥満の目安としてよく利用されるのが**ＢＭＩ（ボディ・マス・インデックス）**という数値です。

身長と体重がわかれば計算式ですぐに出せるので、あなたの**標準体重**（ＢＭＩ22）を計算しましょう。標準体重とはやせすぎでも太りすぎでもなく、もっとも病気になりにくいとされる体重のことです。

あなたの BMI は？

$$\frac{\square\ \text{kg}}{\square\ \text{m} \times \square\ \text{m}} = \square\ \text{(BMI)}$$

あなたの標準体重は？

$$\square\ \text{m} \times \square\ \text{m} \times 22 = \square\ \text{kg}$$

BMI による肥満の判定

18.5 未満	やせている
18.5〜25	普通
25〜30	肥満
30 以上	重度の肥満

行動が習慣となり、習慣が体型となる

あなたの習慣があなたの体をつくる

イギリス初の女性首相、マーガレット・サッチャーが残した名言のひとつに「考えは言葉となり、言葉は行動となり、行動は習慣となり、習慣は人格となり、人格は運命となる」という言葉があります。

これこそ**ダイエットの本質**でしょう。

あなたの体は毎日食べるものからつくられています。そして、どれくらいエネルギーを消費しているかは、あなたの毎日の行動で変わります。

どういうことかと言うと、あなたが**どんなものを食べ、どんな生活を送っているかという、毎日の習慣**があなたの体をつくっているのです。

肥満やダイエットについて相談されるときに、「私は食べていないのに太るんです」という方がいらっしゃいます。でも、それほど食べていないのに太るということは、特殊なケースを除いてほとんどありません。

あなたが太っているのは、たくさん食べているか、消費しているエネルギーが少ないか、あるいはその両方かどれかに当てはまるからです。

毎日、山盛りのごはんを食べて、おやつにケーキやチョコレートを食べ、夕食を食べたあとはテレビを見ながらゴロゴロ過ごす……。

食生活があなたの体をつくる

ラーメン＋ごはんはデブフードの代表！

栄養バランスのよい食事でスリムな体型に！

これでは食べる量（エネルギー）よりも、動いて消費している量のほうが少なくなります。

余ったエネルギーは脂肪としてあなたの体にどんどんたまり、気がついたときには体重が増えているでしょう。

周囲にやせている人がいれば、食べ方や毎日の生活をチェックしてみてください。ごはんを少し残していたり、おやつをほとんど食べなかったり、よく体を動かしていたり、ふだんから〝太りにくい生活〟を送っているはずです。

楽ちんな生活は〝太りやすい〟

好きなものを好きなだけ食べて、家に帰ったらダラダラ過ごす。このような生活は楽ちんです。私も太っていた頃はそうだったので、その気楽さはよくわかります。

でも、その気楽な生活がたるんでゆるんだ体をつくっていることに、あるとき気がついたのです。

今でこそ「やせていますね」「とても50代には見えません」「肌がツヤツヤして若々しいですね」などと言われていますが、36歳の頃は体重が77kgとぽっちゃり体型でした。

その頃の写真を見ると、アンパンマンのように顔はパンパンで今よりも〝オジサン〟です。

見た目だけではありません。もっとも体重が増えていた36歳の頃の血管年齢は45歳で、実年齢よりも10歳近く老けていました。

これはまずいと一念発起して、医師としての知識をフル活用して健康的にやせた現在、私の体重は64kgです。54歳になりましたが、**血管年齢は35歳と太っていた頃よりも若返りました。**

あのとき自分が太っている現実に気づき、ダイ

太っていると体内の老化も早い

実年齢
＋9歳！

36歳の頃の私

体重…………77kg
血管年齢……45歳

実年齢
−19歳！

54歳の私

体重………… 64kg
血管年齢……35歳

エットすることができてよかったと、50代になった今、実感しています。

　あの頃のままの生活を送って太ったままだったら、今頃は糖尿病や高血圧、脂質異常症など生活習慣病を併発し、病気のデパート状態になっていただろう、そう思うからです。

最初はちょっとのがまんが必要

　ダイエットで「すぐにやせる」「らくらくやせる」といった謳い文句をよく聞きますが、これは根本的なダイエットではないと思っています。

　テレビや雑誌、インターネットではさまざまなダイエット法が紹介されています。どれもダイエットに役立つのでしょうが、私は**2か月以上続けられるかどうか**をまず考えます。それは、これまでの経験から「がまんが続くのはせいぜい2か月まで」と思うからです。

　どんなに効果的なダイエット法でも続けられないと意味がありません。それを**やめるとまた太ってリバウンドしてしまう**からです。

　実は、私はごはんやパン、めん、そして甘いものが大好きです。そして、私の肥満の原因はこれらの糖質のとりすぎにありました。

　そこで私は、ダイエットのために、まず糖質の摂取を控えることにしたのです。それまで好きだったものをがまんするのは、正直言ってちょっとつらかったです。

　しかし、それをぐっとがまんして続けているうちに、次第につらさがうすらいでくるのです。やがて、それが**習慣となった頃、体重も確実に減ってくるのです。**

がまんが習慣となり、習慣が体型となる

最初はぐっとがまん

（食事を変える・体を動かすなど）

↓

2か月続ける

（2か月続けられることを実践する）

↓

がまんが習慣になる

（つらくなくなる）

↓

体重が減る・体型が変わる！
モチベーションが上がる！

ダイエットを続けるためのヒント

脂肪は1日にして減らず

がまんが習慣に変わるまで2か月かかるように、体にたまった脂肪もすぐには減りません。ダイエット中は体重を毎日はかるようすすめていますが、毎日はかっていると、1日で体重が1～2kg違うことがあります。

体重が増えたときにはがっかりして落ち込み、減ったときには脂肪が減ったと喜んでしまいがちですが、1日や数日の体重の変化に振り回されないほうが、ダイエットは長続きします。

1日や数日で変化する体重は、**水分が移動しているだけ**です。脂肪が減っているわけではありません。脂肪はすぐに減りません。毎日の積み重ねで徐々に減っていくことを覚えておきましょう。

もちろん、ふだんからむくみがちな人は、体内の余分な水分が抜けると、それだけですっきりして見えます。体重も目に見えて減るでしょう。

とはいえ、これはあくまで余分な水分が抜けただけです。脂肪が減ったわけではないので、そこからの体重の減少はゆるやかになります。

そうなると、体重がなかなか減らない、停滞期に入ったと思いがちですが、そうではありません。**脂肪はすぐには減らない**ので、それが自然な体重の減

すぐに減った体重は水分が抜けただけ

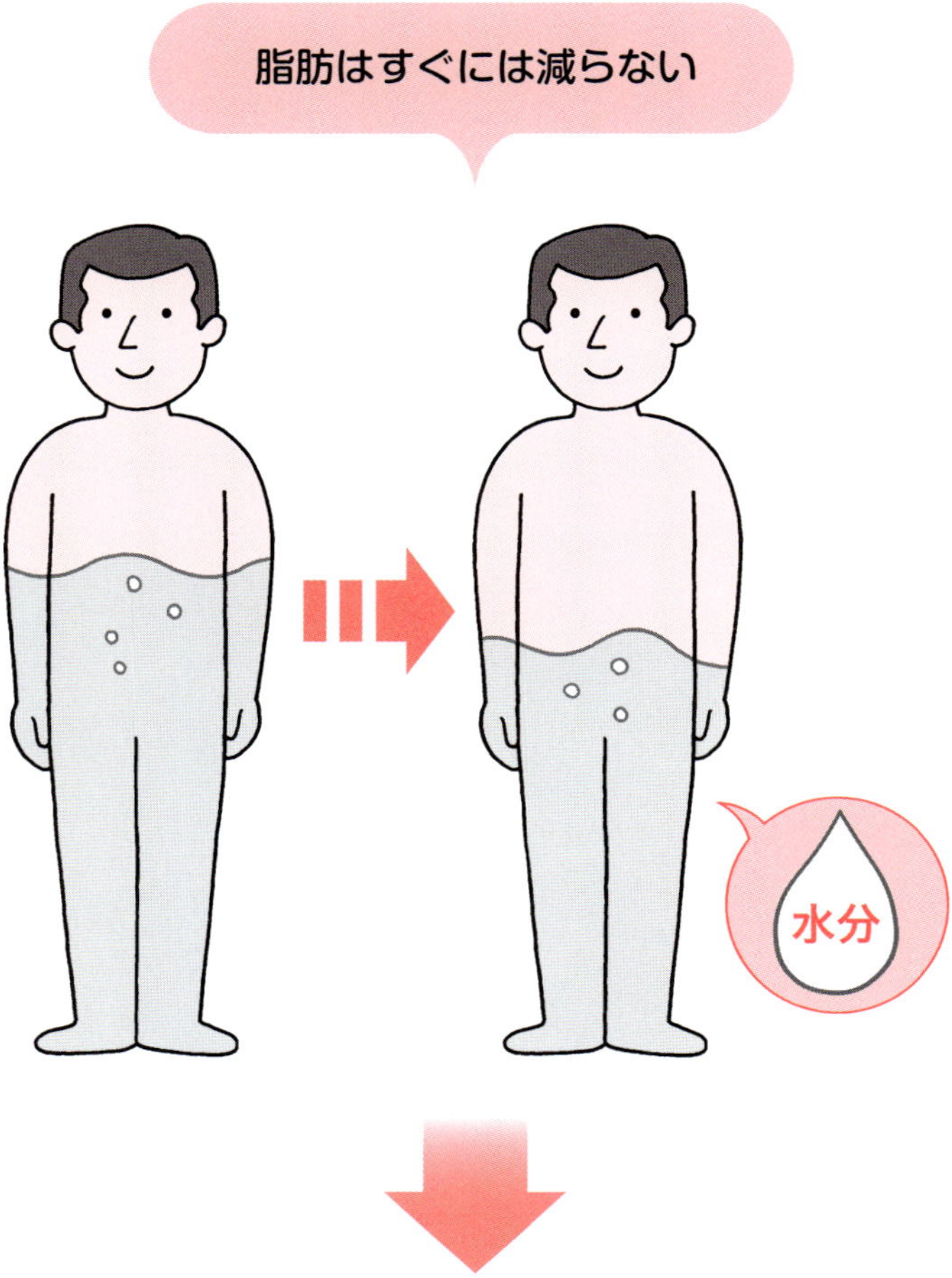

脂肪を減らすには続けることが大切

り方なのです。

すぐに体重が減らないからといってあきらめないでください。まずは1か月続けて、体重の変化、見た目の変化を実感しましょう。

ダイエット宣言をしよう

ダイエットを決意したら、家族や友人に「ダイエットする！」と宣言しましょう。周囲にダイエットしていると伝えることで、たくさん食べられない、食べにくい環境になります。

これはかなり効果があります。

私も、疲れたときには甘いものが欲しくなることがあります。カフェでほっとひと息つくときに、ドーナツを食べようかな……と悩むこともあります。

ところが、そんなときにかぎって「池谷先生ですよね。いつもテレビ見ています！」と声をかけられるのです。

ドーナツがダイエットのためにならないことは重々承知しています。テレビでいろいろ言っているのですから、人前で食べるのはためらいます。そんなときには「やっぱりやめておこう」となります。

昔はかき揚げののった立ち食いうどんやそばをよく食べていましたが、さすがに今はそうした店に入ることはまずありません。ラーメン店や牛丼店にもあまり行かなくなりました。

なんちゃって糖質制限ではこれらは禁断のメニューですから、そうした店に入っている姿を見せてはだめだと自覚しているからです。

ダイエット宣言をして、周囲の目を気にするようになると、がまんすることやものが増えます。それを続けていると、先ほども言ったように習慣になり、太らない生活へと変わっていきます。

ダイエット宣言をしよう

ダイエットする！と周囲に伝える

周囲の目を気にしよう

“やせたら着る服”を用意する

もうひとつおすすめなのが、タイトなジーンズや、以前から着たかったけれど入らなくてあきらめていたワンピースなど、**やせたら絶対に着たい服**を用意することです。

ダイエットにくじけそうになったときには、これらを着てみましょう。

最初よりも入りやすくなっていればやせたことが実感できますし、もっとスリムになればこれを着ることができるとモチベーションアップになります。

私は、ベストの体重のときにしかはけないタイトなジーンズを持っていて、月に1回くらいはいています。月に1回はいてみて、これが着られるなら大丈夫と確認しているわけです。もちろん体型がわかりにくいゴムのズボンは持っていません。

わざわざ買わなくても、もし手元にやせていた頃に着ていたけれど、今は着られなくなった服があれば、「やせてこれを着る」という目標になります。

私は、太っている頃にせっかく買ったのにはけなかったバミューダのパンツを今でも持っています。当時はまったく上がらなかったのですが、最近はすんなりはけています。改めてやせたことを実感しました。

ダイエットにくじけそうになったときは、**具体的な目標があると乗り越える力**になります。**自分の目標とする体重や体型のイメージ**を常に持っておきましょう。

やせて自分のお気に入りの洋服を着た自分を想像して、理想に近づけるためにもうちょっとがんばる。実際に着てみて、どれくらいやせたか確かめてみる。その積み重ねがモチベーションアップやダイエットの成功へとつながります。

やせた自分をイメージする

やせたときに着る服を用意して、
それを着た自分を想像しよう

ダイエットの成功は食事で決まる

危険な脂肪とそうでもない脂肪

私たちの体についている脂肪には皮下脂肪と内臓脂肪があります。

皮下脂肪は文字通り皮膚の下についていて、私たちの体を外部からの衝撃や寒さから守っています。そして、内臓脂肪は腸の間についていたり、肝臓にたまっている脂肪などのことです。

皮下脂肪は一度つくとなかなか落ちません。ところが、内臓脂肪はつきやすく落としやすい脂肪です。

貯金に例えれば、皮下脂肪は銀行での手続きが必要な定期預金、内臓脂肪はコンビニエンスストアでもおろせる手軽な普通預金のようなものです。

そして、皮下脂肪はそれほど悪さをしない脂肪ですが、内臓脂肪はあなたの健康を害する危険な脂肪です。

なぜ内臓脂肪が危険なのか。

それは、内臓脂肪が増えすぎると血圧や血糖値が上昇し、脂質の代謝バランスが崩れて動脈硬化が進行し、生活習慣病をはじめ、脳卒中や心筋梗塞など命に関わる病気のリスクが高くなるからです。

おなかまわりがぽっこりでている人や、急に体重が増えた人は内臓脂肪が増えているかもしれないので要注意です。

肥満には２つのタイプがある

内臓脂肪型肥満

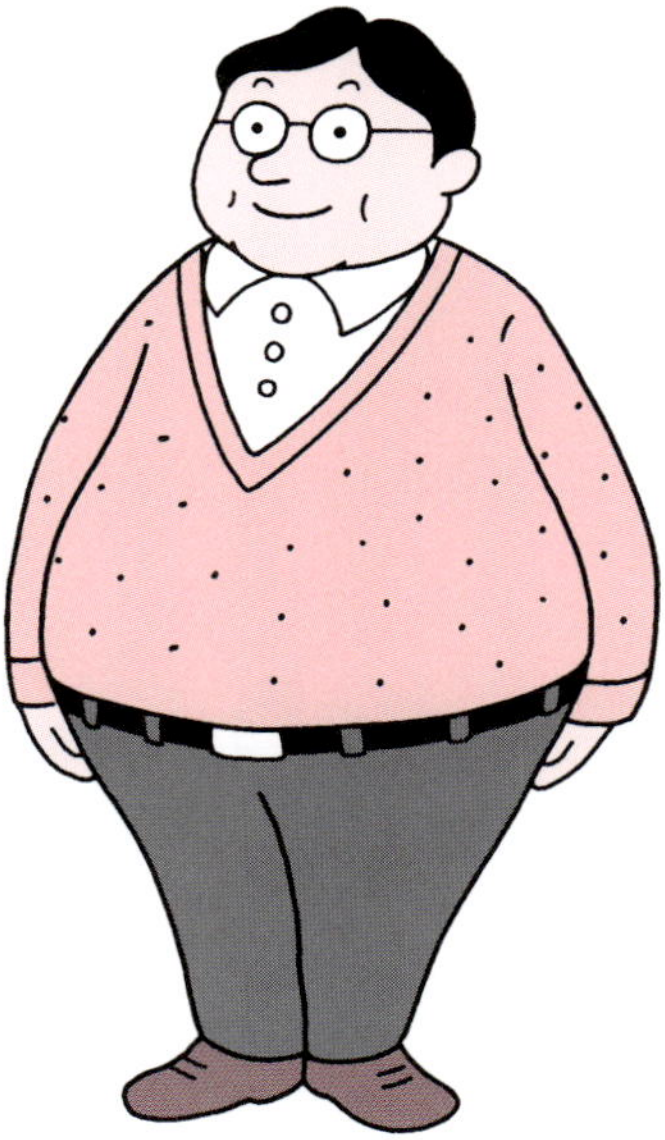

おなかまわりに
脂肪がつくタイプ

男性に多い

皮下脂肪型肥満

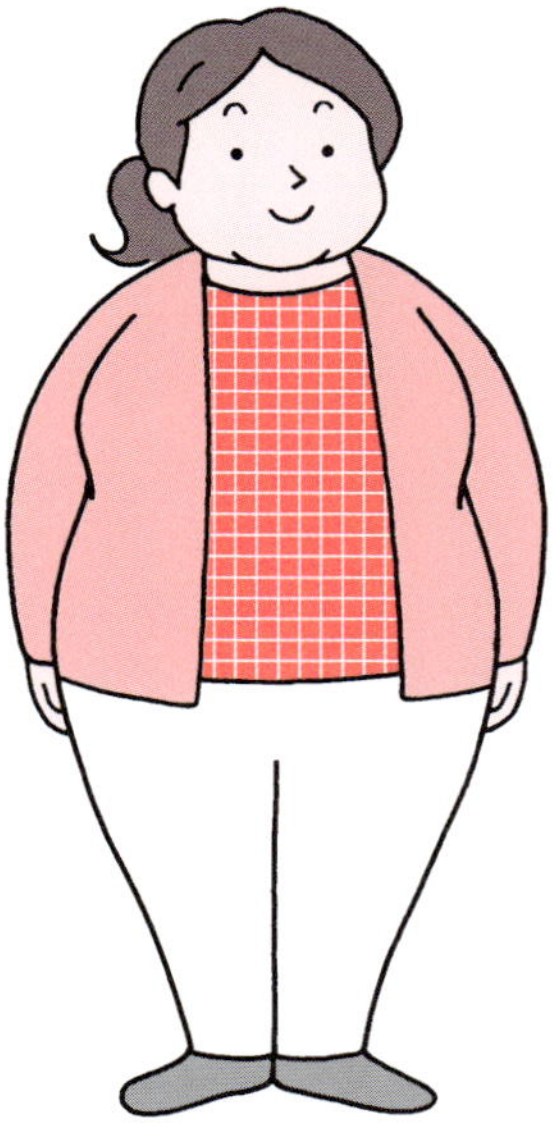

全身にまんべんなく
脂肪がつくタイプ

女性に多い

皮下脂肪は内臓脂肪ほど心配ありませんが、体重が増えるとひざや腰に負担がかかりますし、がんのリスクなども指摘されています。

皮下脂肪であれ内臓脂肪であれ、多すぎると肥満を招きます。体内にため込まれた余分な脂肪は減らしたほうがいいに決まっています。

内臓脂肪は食生活の改善で落ちる

危険な内臓脂肪のいいところは、落ちやすいという点です。食事を変えるだけで、わりとすぐに落とすことができます。

食事を変えるといっても難しいものではありません。気にすることはひとつだけ。**糖質をある程度制限すれば内臓脂肪はみるみる落ちていきます**。

糖質とは、食べたときに血糖値を上げるものです。わかりやすく言えば、砂糖が入った甘いお菓子、ごはんやパン、めんなどの主食、いも、甘い果物などに多く含まれています。

実は、肥満の原因のほとんどが糖質のとりすぎです。糖質をとると血糖値が上がります。すると、血糖値を下げるために、インスリンというホルモンがすい臓から分泌されます。このインスリンは別名**肥満ホルモン**とも呼ばれ、血液中の余分なブドウ糖をせっせと脂肪に変えてしまいます。

糖質をたくさん食べて血糖値が上がるとインスリンがたくさん分泌され、それだけ太りやすくなります。逆に言えば、血糖値を上げる糖質を制限すれば、内臓脂肪はすぐに落ちて確実にやせられます。

太っている患者さんの食生活について伺うと、ごはんやパン、めんなど糖質の多い食事を好んで食べている人がほとんどです。

肥満の原因は糖質の過剰摂取であると言っても過

脂肪はこうしてたまっていく

糖質が腸で分解されてブドウ糖になる

↓

腸で分解されたブドウ糖は
血液中に送られエネルギー源となる

↓

余ったブドウ糖はインスリンの働きで
脂肪に合成される（血糖値が下がる）

↓

**合成された脂肪は体内に蓄積されて
肥満を招く**

言ではありません。

食べる量を減らしすぎるダイエットは危険

池谷式ダイエットでは糖質をある程度制限するようすすめていますが、それ以外はふつうに食べてかまいません。これは、食べすぎはもちろんよくないのですが、食べなさすぎもよくないからです。

ダイエットで陥りがちなのが、栄養バランスを考えずに極端に食べる量を減らしてしまうやり方です。栄養のバランスを考えず、運動をしないで食べる量だけ減らしてしまうと、脂肪と一緒に筋肉も減ってしまいます。

もっと悪いことに、食べる量を極端に減らす食事制限は長く続けられません。食事制限をやめて食べるようになると、筋肉が減ってしまったところに脂肪がついてリバウンドします。

このように、筋肉が減って脂肪がつき、全身がプヨプヨになった状態は〝**サルコペニア肥満**〟と呼ばれます。近年、サルコペニア肥満はメタボリックシンドロームよりも生活習慣病のリスクが高い肥満として問題視されています。

サルコペニア肥満の場合、筋肉が減ることで運動機能が低下してしまうのと同時に、内臓脂肪が増えて血圧や血糖、コレステロールが高くなって生活習慣病のリスクが上昇する、２つのリスクが同時に進行します。そのため、将来、**寝たきりや要介護になるリスクがより高くなる**とされています。

サルコペニア肥満に陥らないようにするためには、筋肉の原料となるタンパク質をしっかりとり、適度に運動をして筋肉をつけるようにしましょう。

そのためにも、食事の量をむやみに減らさないようにしてください。制限するのは糖質だけです。

リバウンドでサルコペニア肥満に

食べる量を減らす（タンパク質が不足する）

↓

筋肉が減る（身体機能が低下する）

食事制限をやめる（食べる量が増える）

↓

内臓脂肪が増える
（血圧や血糖値、コレステロールが上昇する）

↓

サルコペニア肥満に陥る！

⋮

生活習慣病のリスクが高くなる

基本は〝なんちゃって糖質制限〟

糖質が〝脂肪の原料〟となる

肥満の原因は体内にたまった脂肪です。そのため、肥満予防には、脂肪を減らすことが大切で、糖質はあまり関係ないと勘違いしている人が多いようです。

しかし、脂肪だけでなく、糖質も体内で合成されて中性脂肪になるのです。

米やパンなどに含まれる糖質は消化されてブドウ糖になります。ブドウ糖はそのままエネルギー源として使われますが、余ったものは肝臓で中性脂肪の材料となるのです。そして肝臓で合成された中性脂肪は血液中へと運ばれてエネルギー源として使われます。ここでさらに余ると皮下脂肪や内臓脂肪となって体内に蓄積されるのです。

なかなかやせない患者さんにふだん何を食べているか聞いてみると、パンや果物など糖質をたくさん食べている人がほとんどです。

糖質を2分の1に減らす

巷では糖質をほとんどとらない極端な糖質制限がはやっていますが、食べなさすぎはよくありません。

肥満の要因となる糖質ではありますが、糖質は私たちがものを考えたり、体を動かしたり、生命を維持するために必要なエネルギーの源となる大切な栄

主食をとるのは夕食だけにする

朝食

フレッシュジュース

（72～75ページ参照）

フレッシュジュース（にんじん、りんご、レモン入り）

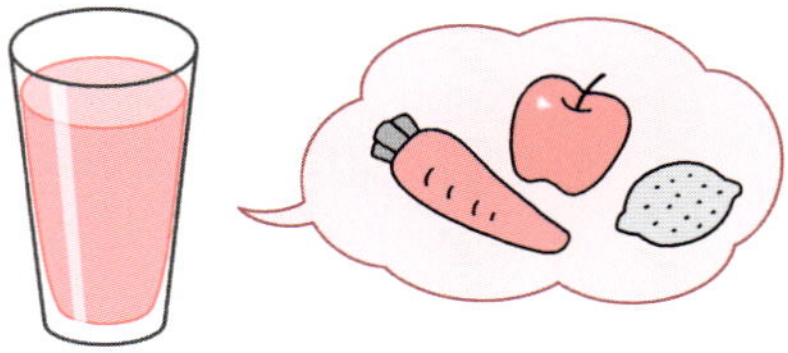

昼食

タンパク質と野菜中心

（86～89ページ参照）

コンビニセレクト（サラダ、スープ、豚肉のしょうが焼きなど）

夕食

好きなものを楽しむ

（130～132ページ参照）

フランスパン、チーズ、サーモンマリネ、サラダ、具だくさんスープなど

ただし、運動量の多い日には朝や昼に
おむすびやパンなどの炭水化物（糖質）も追加する

養素だからです。

糖質の過剰摂取が肥満を招くのは間違いありませんが、だからといって、糖質をまったくとらない、できるだけ制限するというのも極端に感じます。

また、和食の基本はごはんです。それをいきなりやめるといってもなかなかできることではありません。私自身、糖質をまったくとらない生活は、一時的なことならともかく、２か月以上は続けられないでしょう。

そこで私がおすすめしているのが、糖質をまったくとらないのではなく、ごはんやパン、めんなど糖質を多く含む食べ物を、それまで食べていた量の２分の１に減らす〝なんちゃって糖質制限〟です。なんちゃってではありますが、糖質の摂取量を２分の１に減らすので確実に体重が減り、ダイエットになります。

１食の量を半分に減らしてもいいのですが、１回の量が少ないと「もっと食べたい」という欲求がでてしまいがちです。

１日３食ですから、３回もその欲求と闘うのはかなりつらいものがあるので、私は１日のうち朝食をジュースに置き換えています。

具体的には、朝はにんじんとりんご、レモンのフレッシュジュース、昼はタンパク質と野菜中心の食事にして糖質を制限し、夕食はバランスよく糖質を食べています。朝と昼は制限していますが、夕食は自分の好きなものを食べているので無理なく、ずっと続けられています。もちろん、運動する日には朝から糖質も食べるようにしています。

自分自身、このやり方でダイエットに成功しました。患者さんにもすすめて、減量できている人がたくさんいます。糖質の摂取量をうまく減らすことができれば、体重は確実に減っていきます。

糖質を多く含む食材①

（100g 中の分量。糖質相当量は炭水化物から食物繊維をマイナスした量）

	食材名	炭水化物（g）	食物繊維（g）	糖質相当量（g）
穀　類	コーンフレーク	83.6	2.4	81.2
	小麦粉（薄力粉）	75.9	2.5	73.4
	アマランサス	64.9	7.4	57.5
	フランスパン	57.5	2.7	54.8
	餃子の皮	57.0	2.2	54.8
	もち	50.3	0.8	49.5
	ライ麦パン	52.7	5.6	47.1
	パン粉（生）	47.6	3.0	44.6
	食パン	46.7	2.3	44.4
	ごはん（精白米）	37.1	0.3	36.8
	ごはん（玄米）	35.6	1.4	34.2
	中華めん（ゆで）	29.2	1.3	27.9
	スパゲティ（ゆで）	28.4	1.5	26.9
	そうめん（ゆで）	25.8	0.9	24.9
	そば（ゆで）	26.0	2.0	24.0
	うどん（ゆで）	21.6	0.8	20.8
いも類	さつまいも	31.5	2.3	29.2
	くずきり（ゆで）	33.3	0.8	32.5
	やまといも	27.1	2.5	24.6
	じゃがいも	17.6	1.3	16.3
	長いも	13.9	1.0	12.9
	里いも	13.1	2.3	10.8
豆　類	えんどう豆（ゆで）	25.2	7.7	17.5
	ひよこ豆（ゆで）	27.4	11.6	15.8
	きな粉	31.0	16.9	14.1
	小豆（ゆで）	24.2	11.8	12.4
	いんげん豆（ゆで）	24.8	13.3	11.5
野　菜	西洋かぼちゃ	20.6	3.5	17.1
	スイートコーン（缶詰・クリーム）	16.8	2.8	14.0
	そら豆	15.5	2.6	12.9
	れんこん	15.5	2.0	13.5
	ごぼう	15.4	5.7	9.7
	グリンピース	15.3	7.7	7.6

糖質を知って、食べすぎに気をつける

〝なんちゃって糖質制限〟で制限するものは糖質を多く含む食べ物だけです。

簡単なようですが、**気がつかないうちに糖質を口にしている**ケースが少なからずあります。

例えば、ダイエット中はそばや玄米、全粒粉パスタなどがよいと言われます。これらは白ごはんやふつうのパスタに比べるとビタミンやミネラル、食物繊維が多く含まれていますが、糖質の量はそれほど変わりません。糖質が多いということは血糖値も上がります。

果物も同じです。美容と健康に役立つビタミンやミネラル、ポリフェノールが含まれていますが、なかには糖質が多いものがあり、それらをたくさん食べると太ってしまいます。

果物以外にも糖質が多く含まれているものがあります。例えば、じゃがいもやさつまいもなどいも類がそうですし、かぼちゃやそら豆、れんこんなど糖質の多い野菜もあります。

そして見落としがちなのが調味料です。実は、はちみつ、とんかつソース、カレー粉なども糖質が多め。これらもとりすぎないよう気をつけましょう。

ダイエット目的の場合は、血糖値を上げる糖質がどれくらい含まれているかを気にして、自分がどれくらい糖質をとっているかを、常に気をつけることが大切です。

45ページと47ページに糖質を多く含む食べ物を紹介しています。まずは自分がどれくらい糖質をとっているのかをチェックしてみてください。

糖質を多く含む食材②

	食材名	炭水化物（g）	食物繊維（g）	糖質相当量（g）
調味料	白砂糖	99.2	0	99.2
	黒砂糖	89.7	0	89.7
	はちみつ	79.7	0	79.7
	みりん風調味料	54.9	0	54.9
	とんかつソース	30.9	1.0	29.9
	カレー粉	63.3	36.9	26.4
	ウスターソース	26.8	0.5	26.3
	ケチャップ	27.4	1.8	25.6
	チリソース	26.3	1.9	24.4
	オイスターソース	18.3	0.2	18.1
	ドレッシング（和風・ノンオイル）	16.1	0.2	15.9
	練りマスタード	13.1	微量	13.1
果　物	干しぶどう	80.7	4.1	76.6
	干し柿	71.3	14.0	57.3
	プルーン（乾燥）	62.4	7.2	55.2
	バナナ	22.5	1.1	21.4
	パイナップル（缶詰）	20.3	0.5	19.8
	西洋なし（缶詰）	20.7	1.0	19.7
	もも（缶詰）	20.6	1.4	19.2
	マンゴー	16.9	1.3	15.6
	ぶどう	15.7	0.5	15.2
	みかん（缶詰）	15.3	0.5	14.8
	柿	15.9	1.6	14.3
	さくらんぼ（国産）	15.2	1.2	14.0
	りんご	14.6	1.5	13.1
	きんかん	17.5	4.6	12.9
	西洋なし	14.4	1.9	12.5
	いちじく	14.3	1.9	12.4
	パイナップル	13.4	1.5	11.9
	キウイフルーツ	13.5	2.5	11.0
	みかん	12.0	1.0	11.0
	ネーブル	11.8	1.0	10.8
	メロン	10.3	0.5	9.8
	ブルーベリー	12.9	3.3	9.6
	すいか	9.5	0.3	9.2
	グレープフルーツ	9.6	0.6	9.0
	もも	10.2	1.3	8.9
	いちご	8.5	1.4	7.1

コラム 1

糖と油をバランスよく減らすなんちゃって脂質制限も必要

　ダイエットには糖質制限が効果的であることは間違いありません。ただ、極端に糖質を制限しすぎるのは、健康的にやせるという点ではあまりおすすめできません。

　極端に糖質を制限する場合、食事から摂取するエネルギーを脂質からとることになるからです。

　糖質を厳しく制限する場合には、とにかく肉を食べればいいとすすめる〝肉食ダイエット〟や、バターやココナッツオイルなどの油をとるようすすめているのは、糖質の代わりに脂質でエネルギーを摂取する必要があるからです。

　体脂肪を減らすために糖質と脂質のどちらを制限すればいいのかは、今のところどちらがいいというはっきりした結論はでていません。

　アトキンスダイエット、ケトン式ダイエット、ローカーボダイエット、パレオダイエットなど、たくさんの糖質制限ダイエットが話題となっていることや、さまざまな研究報告があることから、糖質制限がダイエットに有効であることは間違いありません。私自身、糖質を制限してやせたので、その効果を実感しています。

　では、糖質の代わりに肉や油など脂質をたくさんとればいいのかというと、それは少し違うと思うのです。

脂質のなかには体が必要とするものもありますが、過剰に摂取すると動脈硬化を促進して脳卒中や心筋梗塞などのリスクを高めてしまうものがあります。赤身肉や加工肉はがんのリスクを高めるという報告もありますし、タンパク質や油を過剰にとるのはあまりおすすめできません。

また、２０１５年に米国立衛生研究所（ＮＩＨ）は、体脂肪を減少させるには糖質制限よりも脂質制限のほうが有効であるという報告をしています。

ＮＩＨは肥満している男女19人を対象として、糖質制限食と脂質制限食をとるグループに分けて、４週間（２週間×２回）それぞれの食事を続け、体脂肪の減少量を調べました。結果は、１日当たりの体脂肪の減少量は糖質制限食グループでは53g、脂質制限食グループでは89gと、脂質を制限したグループのほうが明らかに多かったのです。

この結果だけをみると脂質制限食のほうが有効なように聞こえるかもしれませんが、同時に、糖質制限食グループではインスリンの分泌量が低下して脂肪の燃焼量が増加したけれど、脂質制限食グループではこれらの変化は認められなかったということでした。

脂質制限や糖質制限でありがちなのは、どちらかを極端に制限してしまうことです。何かを極端に制限すると栄養バランスが崩れてしまいます。健康的にやせるためには、糖質も脂質もどちらもバランスよく減らすのがいいと私は考えています。

運動でメリハリボディに！

引き締まった体づくりは運動で！

ダイエットは食事が9割ですが運動も必要です。糖質を制限すると体重は減ります。ただ、食事だけのダイエットは、ある程度までいくと体重が減りにくくなっていきます。ここからもっとやせたい、**メリハリのある締まった体を手に入れたい場合は運動が必要**になります。

体重の減りが緩やかになってきたと感じたら、ふだんの生活のなかで意識して体を動かすように心がけましょう。

ある程度、体重が減ってから運動を始めるのには意味があります。

太ると体が重く、疲れやすいため、あまり歩かなくなります。太っている患者さんは、皆さん「運動はしたくない」とおっしゃいます。そんなときにいきなり運動をすすめるのはとても酷なことです。

そこで、まず食生活を見直してもらい、体重が減ったところで運動をおすすめしています。少しでもやせるとそのぶん体が軽くなって動きやすくなり、次第に体を動かすことに抵抗がなくなり、運動がそれほど苦ではなくなるからです。

また、運動すると筋肉が増え、エネルギーを消費しやすくなり、太りにくい体になるでしょう。サル

運動で筋肉をつけよう

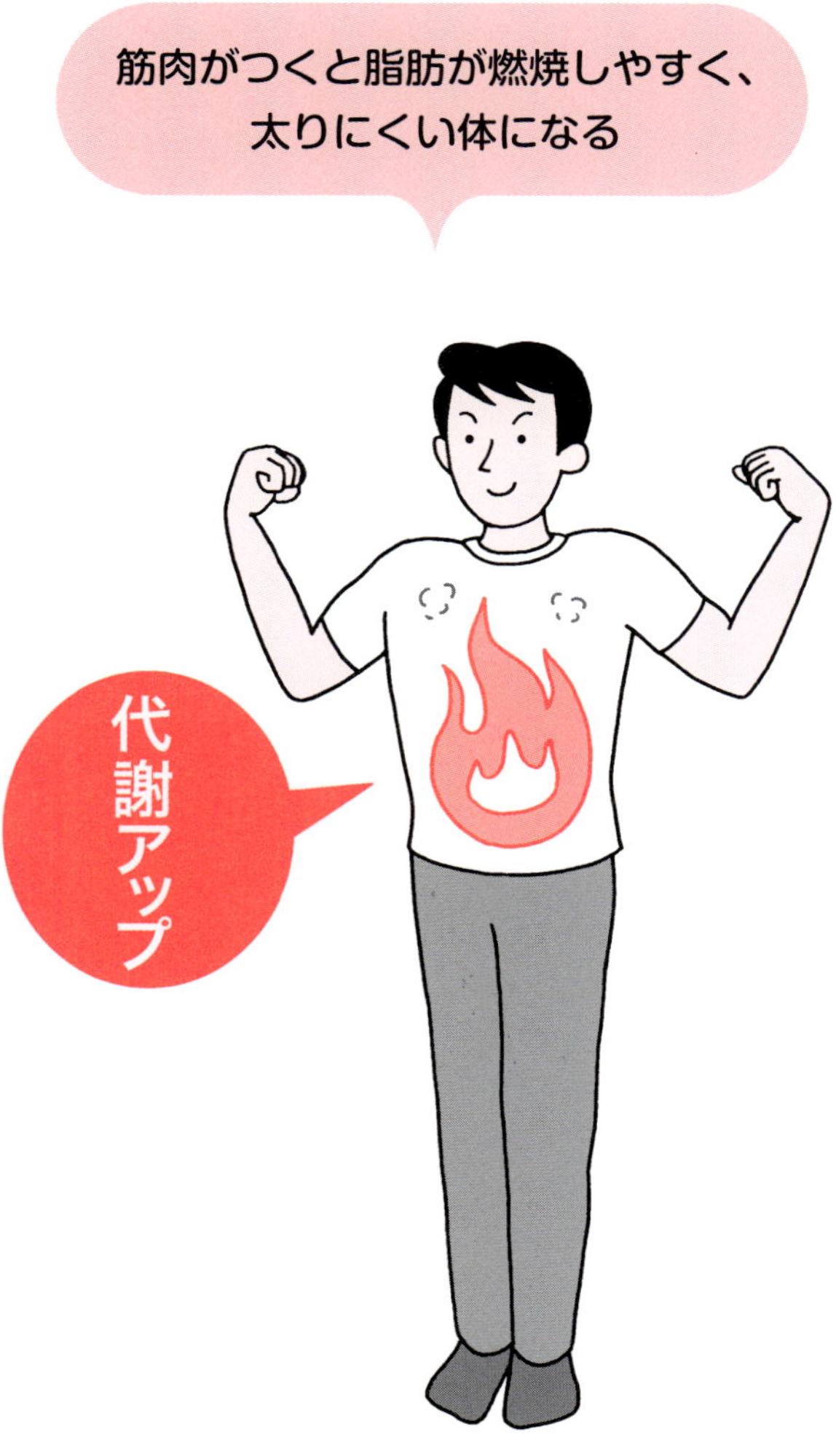
筋肉がつくと脂肪が燃焼しやすく、
太りにくい体になる
代謝アップ

コペニア肥満の反対でやせやすく、リバウンドしにくい体になっているということです。

食事を変えて体重が減ったら、体を動かして筋肉の多い体を目指しましょう。そうすれば、あなたの体は**脂肪がたっぷりの霜降り肉から、筋肉がしっかりついた赤身肉**へと変わっていきます。

運動を始めると、消費するエネルギーが増えるからと食事の量が増えたり、アルコールを楽しんだり油断してしまいがちですが、これもダイエットで陥りやすい落とし穴です。

なぜなら、運動で消費できるエネルギーはそれほど多くないからです。食べたぶんを運動で消費するのはとても大変です。

左に小さめの茶わん1杯のごはん（１２０ｇ／約２００kcal）を消費するために、どれくらいの運動が必要か紹介しています。食べたものを運動で帳消しにするのが大変なことをわかっていただけるのではないでしょうか。食べて20分ジョギングするのか、食べるのをがまんするのか、どちらを選ぶかはあなたしだいです。

（体重が 55kg の場合）

ジョギング（時速 8.8㎞）

約 20 分

床みがき

約 70 分

ゴルフ

約 60 分

200kcal消費するために必要な運動

散歩（時速3.2㎞）
約70分

早歩き（時速6.4㎞）
約40分

サイクリング（時速8.8㎞）
約50分

料理
約60分

バスケットボール
約35分

テニス
約35分

水泳（クロール）
約50分

〝なんちゃって〟だから続けやすい

2か月以上続けよう！

なんちゃって糖質制限を実践すれば、体重は面白いように落ちていきます。ある程度、体重が減ってきた頃に運動を取り入れれば、筋肉がついてさらにやせやすくなります。こうなれば、あなたの生活は太りにくい生活へと変わり、一生太らない体を手に入れることができているでしょう。

とてもシンプルなことなのですが、現実にはなかなか実践できないという声を聞きます。また、糖質制限をしているのにやせないという人もいます。

この原因は2つ考えられます。ひとつは「がまんが習慣になるまで続けられていない」、もうひとつは「糖質制限を勘違いしている」。これらが大半を占めています。

がまんを習慣にするのは2か月以上続けることで解決できます。糖質制限で陥りがちな落とし穴はいくつかありますが、ちょっと気をつければ避けられることばかりです。

本書では、私が実際に毎日実践していること、つまり朝起きてから夜寝るまでにやっていることを時系列でまとめました。2か月以上続けるために、誰にでもできることばかりを集めた「池谷式カンタン・ダイエット」です。ぜひ試してみてください。

池谷式

誰でもカンタンにやせられる!!

ダイエットメソッド35

メソッド 1

朝は決まった時間に起きる

「時計遺伝子」がダイエットのカギ

ダイエットと関係ないように思われるかもしれませんが、起きる時間はとても大切です。

私は仕事がないときにもなるべく同じ時間に起きるようにしています。

私たちの体には、日中は活発に動き回り、夜はゆっくりと休息する（眠る）というサイクル（生体リズム）が備わっています。

このリズムを司っているのが「**時計遺伝子**」という物質です。時計遺伝子には、いくつかの種類があり、それらが相互に作用し合って体内の生体リズムをコントロールしています。

時計遺伝子のリズムに沿った生活を送ると、エネルギー代謝が高まり、筋肉の合成を促進するタンパク質が体内に増えることがわかっています。

つまり、**時計遺伝子のリズムがきちんとしていると太りにくい**のです。

地球の自転による1日は24時間サイクルです。時計遺伝子の1日のサイクルは24・17時間（24時間10分）で、実際の時間と10分ほどずれています。この〝ずれ〟を解消するため、毎日、時計遺伝子をリセッ

朝起きたら太陽の光を浴びる

強い光を浴びることで
時計遺伝子がリセットされる

トする必要があり、このリセットがうまくできていないと時計遺伝子のリズムが乱れてしまいます。

朝の光で時計遺伝子をリセット

時計遺伝子をリセットする方法はいたってシンプル。朝、起きたときに太陽の光を浴びればいいのです。私たちの体には、太陽の光を浴びるだけで、時計遺伝子のリズム（24時間10分）と地球の自転（24時間）のずれがリセットされるメカニズムが備わっています。

もうひとつ大事なのは朝食を食べること。食事をすることで内臓の時計遺伝子がリセットされます。

アメリカの研究報告によると、朝食を食べない人は、朝食を食べる人に比べて肥満になりやすいそうです。朝食を抜くと太ると言われるのは、時計遺伝子のリセットができていないことが関係しているのかもしれません。

また、朝食を抜くと、午前中のパフォーマンスが低下するデメリットが考えられます。昼食のドカ食いを招くことにもなり、ダイエットのためには、野菜ジュースやヨーグルトでもいいのでとりましょう。

平日と休みの日で起きる時間が3時間以上違うと、時計遺伝子の働きが鈍りやすいと言われています。時計遺伝子の働きが鈍ると疲れやすくなったり、睡眠の質が落ちたりするそうです。健康のためにも、時計遺伝子のリセットは大切なことです。

休日前に夜更かしして、翌日の昼近くまで寝てしまったりしていませんか。こうした生活は時計遺伝子のリズムを乱す太りやすい生活です。やせ生活への第一歩は、朝、同じ時間に起きて太陽の光を浴び、朝食を食べることから始めましょう。

朝食を食べるほうが太りにくい

朝食を食べると内臓の
時計遺伝子がリセットされる

メソッド 2

トイレをすませたら体重をはかる

朝の体重が〝ほんとの体重〟

私の自宅の洗面所には体重計が置いてあり、体重を毎日はかっています。

体重の変化をチェックするために、**朝起きたときと夜の風呂上がり、1日に2回**必ずはかります。

夜の体重はその日食べた食事に影響されやすく、変動が大きいのですが、朝の体重は前日の影響をそれほど受けていません。朝と夜、2回はかるとそれがよくわかります。

例えば、夕食でアルコールをたくさん飲んだり、塩分の多いものを食べたりしていると、夜の体重が少し増えます。

これは、みせかけの体重なのであわてることはありません。体内の水分が多くなり、一時的に体重が増えているだけです。

このような場合は、翌日の朝起きてトイレをすませてからはかると、だいたい元の体重に戻っています。私は**朝の体重を〝ほんとの体重〟**とみなし、**朝の体重が増えていると太ってきている**サインだと考えるようにしています。

体重を毎日はかっていないと、こうした変化に気

朝、起きたら体重をはかる

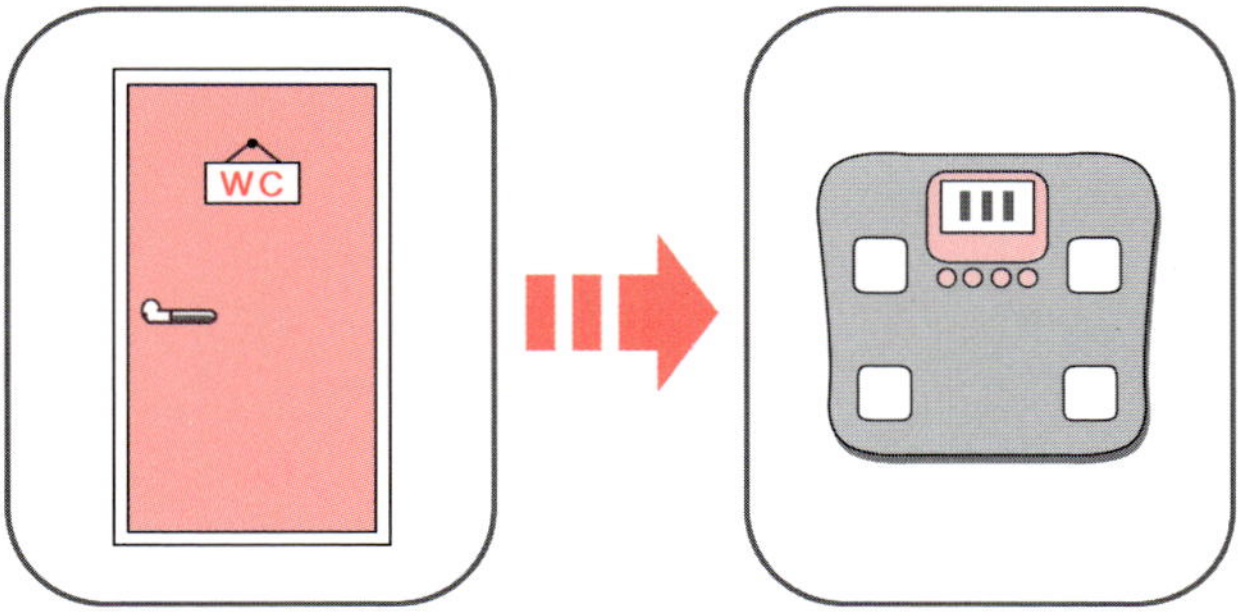

朝、トイレをすませてから体重をはかる。
朝の体重が〝ほんとの体重〟

がつきにくく、気がついたときには数kg太っていた……。なんてこともあります。体重をはかるのにかかる時間は数秒ですから、毎日体重をはかる習慣をつけましょう。

朝の体重で今日の食事を考える

朝の体重が変わっていなければ「よかった」と安心しますし、もし増えていれば「少し食べすぎたかな」と反省します。

この**反省**が大事なのです。

私もときどき、朝の体重が増えていることがあります。そんなときには、その日の食事の量を少し減らしたり、運動でエネルギーを消費したりして、増えた体重を減らすために何をするかを考えます。

手っ取り早くできるのは、食事のコントロールです。いつも食べている朝食のヨーグルトや果物をやめたり、「今日のおやつはやめておこう」などと、食事でとるエネルギーを減らします。

これは、朝の体重でその日の食事内容を調整するようにしているのです。増えていれば食事の量を少し減らし、減っていればおやつを楽しんだり、ふだんより少し多めに食べたりすることもあります。

いつもがまんするばかりでは続きません。かといって「ちょっとだけ」と思って食べ続けていると、ダイエットの失敗につながります。

毎日、同じように食べるのではなく、**その日の体重によって食事内容を調整**することが、ダイエットを続けるコツだと思います。

食事をうまく調整するためには体重を目安にするといいでしょう。同じ条件で毎日はかると体重の変化が見えやすくなります。条件をそろえるために、朝と夜の2回、同じタイミングではかりましょう。

朝の体重でその日の食事内容を調整する

体重が増えているときは食事の量を減らす。
もしくは運動して消費エネルギーを増やす

コラム
2

水分代謝が体重を左右する むくみ解消ですっきりやせる

水分のとりすぎで太ることはありませんが、水分の代謝がうまくできず、体重が一時的に増えることはあります。体重が急に増えたり減ったりしているときは、体内の水分量によることが多いものです。

体内の水分量が多いことを〝むくんでいる〟と言いますが、むくみの原因はいくつか考えられます。

よくあるのが塩分の過剰摂取です。塩分をとりすぎると血液中のナトリウム濃度を下げるために、体が水分を欲します。結果的に水をたくさん飲み、体内の水分量が増えてしまいます。

ほかにも、運動不足や冷えで血液の循環が悪くなり、細胞の水分代謝がうまくできなくてむくんでしまうことがあります。

また、女性は女性ホルモンの関係で、生理前後にむくみやすくなります。そのため、生理の頃は体重が減りにくかったり、体重が増えてしまったりすることがあります。生理前後はむくみやすいことを知っておくと、体重が減らないことにイライラしなくなるでしょう。

むくみは入浴で汗をかいたり、体を動かして全身の血流をよくすることで改善できます。ゾンビ体操

（117ページ参照）も、むくみ解消に効果的です。汗をかく、血流をよくするなどして、水分代謝を促しましょう。

あとは、濃い味のものを食べるとどうしてもむくみやすくなるので、薄味を心がけることも大切です。塩分の過剰摂取は高血圧にもつながるので、薄味は高血圧予防にも役立ちます。

ナトリウム（塩分）の排泄を促すカリウムを多く含む食べ物をしっかりとることも、むくみ予防になります。カリウムは野菜や果物全般に多く含まれています。

すぐに改善するむくみは心配ありませんが、なかには病気が原因のものもあります。「1日中むくんでいる」「何日もむくみが続く」「急に体重が増えて減らない」「顔やまぶたがむくむ」「尿の出が悪い」「坂道や階段をのぼるときに息が切れる」「疲れやすい」といった症状があるときには、病院を受診してむくみの原因を調べたほうがいいでしょう。

夕方や夜にむくんで体重が増えるけれど、翌日の朝には解消しているのであれば心配ありません。

メソッド 3

顔を洗ったら、おなかをつまむ

肉をつまんでモチベーションアップ

太ってくるとまず肉がつくのがおなかまわりです。自分のおなかにどれくらい肉がついているか、鏡を見ながらつまんで確認してみましょう。

私も以前はおなかの肉をつまんでいたのですが、今はつまむほどついていないので、体重をはかるときにメジャーで腹囲をはかっています。毎日はかっていると、サイズの変化がわかります。体重と同じように安心したり、「昨日は食べすぎた」と反省したりする目安となります。

めんどうに感じるかもしれませんが、この繰り返しが大事なのです。**毎日つまむと、そのたびに自分に肉がついていることを実感**します。

太ったままでいるのがイヤなら、「やせなきゃ」と思いますから、その日もダイエットをがんばろうとモチベーションアップにつながります。

つまんでいる肉が少なくなってきたら、ダイエットの効果が実感できるので、もっとやる気がでるでしょう。私自身、ダイエットしているときに食べたくなったら、おなかの肉をつまんでいるので、その効果は体験済みです。

おなかの肉をつまんでみよう

自分のおなかにどれくらい脂肪がついているのか、つまんで実感してみよう

メソッド 4

食事の前に体を動かそう

動いて体を覚醒させる

朝起きてから朝食を食べるまでの間に、なんでもいいから体を動かしましょう。

起きたばかりの体は、まだ半分眠っているような状態です。すっきりと体を覚醒させるためにも、起きて体を動かすようにしています。

私の朝の日課は庭の掃除と愛犬の世話です。朝起きて庭を歩きながら掃除して、10分程度、愛犬と家のまわりを散歩します。軽い運動ではありますが、寝起きの体をリセットするにはちょうどいいので毎日続けています。

私にはたまたま庭の掃除と愛犬の世話がちょうどよい運動になっているだけなので、それにこだわる必要はありません。要は体を動かせばいいのです。

食事の準備をしているのであれば、それで体を動かします。手足を伸ばして大きく深呼吸したり、庭木の手入れをしたり、ラジオ体操をしたり、**なんでもいいので体を動かして体を目覚めさせましょう。**

布団の中で目覚めのゾンビ体操

私が患者さんにおすすめしているのは、〝**目覚め**

目覚めのゾンビ体操①

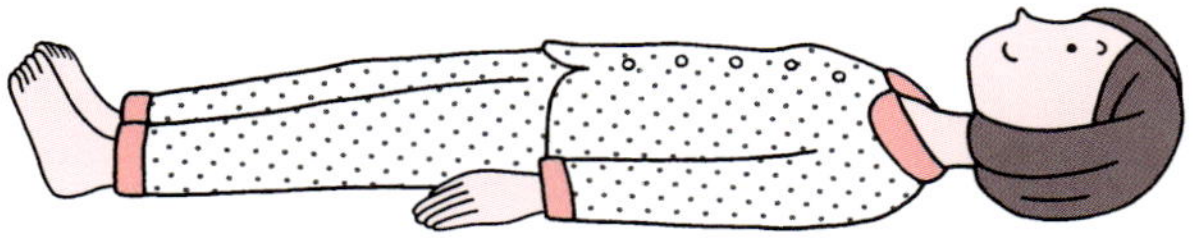

1 仰向けに寝転んだ状態で、両手、両足を伸ばす。

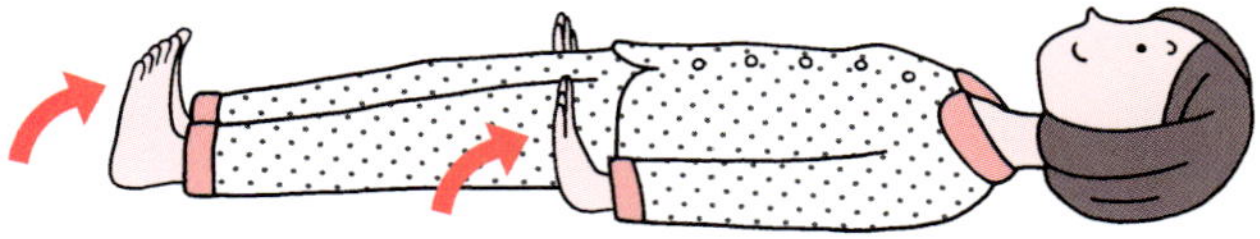

2 手首と足首を上に向ける。手首は直角になるくらい、足首はふくらはぎの筋肉が伸びるくらいまで曲げる。

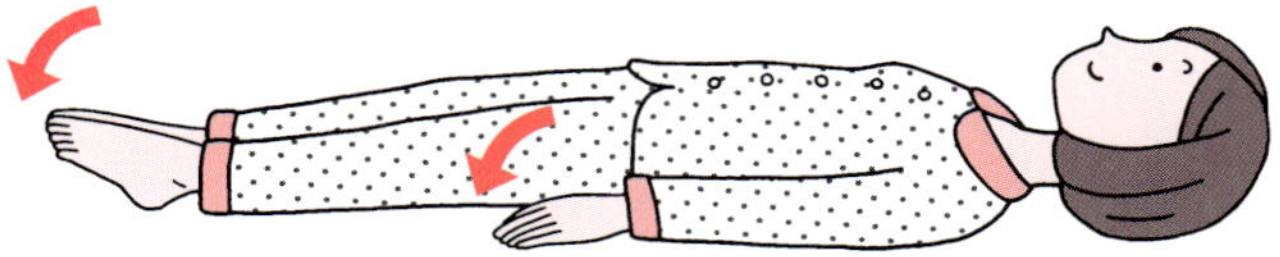

3 手のひら、足の裏を布団につけるつもりでゆっくり倒す。2 と 3 を繰り返しパタパタと手足を動かす。

のゾンビ体操〟です。ゾンビ体操は私が考案した体操で、〝いつでも〟〝どこでも〟〝誰でも〟できて、**心と体をリラックスさせる有酸素運動**です。

テレビやインターネットで紹介したところ、ユーモラスな動きと名前が好評で話題になりました。運動が嫌いな患者さんでも「これならできる」「面白い！」と言っていただけるおすすめの運動です。

朝、目覚めが悪かったり、なかなか布団から出られないというときに、布団の中で目覚めのゾンビ体操を行うと、全身の血流がよくなって心身ともにシャキッとします。

布団の中で手足を動かすだけの簡単なもの（目覚めのゾンビ体操①）と、おなか引き締め効果のあるもの（目覚めのゾンビ体操②）があるので、あなたの体力や体調と相談しながらやってみてください。

疲れているときには、目覚めのゾンビ体操①がおすすめです。手足を動かすだけですが、全身の血流がよくなって体がポカポカしてきます。

血流がよくなるということは代謝がアップしているということですから、ダイエット効果も期待できます。

体力のある人や体を動かすことが苦にならない人、効率よくやせたい人には、目覚めのゾンビ体操②がおすすめです。寝転がって上半身を少し起こすだけなのですが、毎日続ければおなかに筋肉がついて、ぽっこりおなかの引き締めに役立ちます。

どちらも運動というよりはストレッチのような動きですが、目覚めたばかりの体にとっては、適度な刺激になってちょうどよい運動になります。

さらに、布団の中で少し体を動かすことで、スムーズに起き上がれるようになります。目覚めの悪さに悩まされなくなるので一石二鳥です。

目覚めのゾンビ体操②

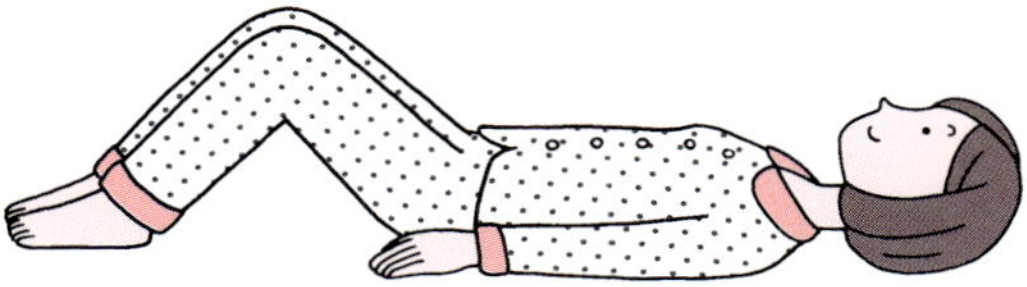

1 仰向けに寝転んだ状態で、ひざを立て、両腕を伸ばし、手のひらを布団につける。

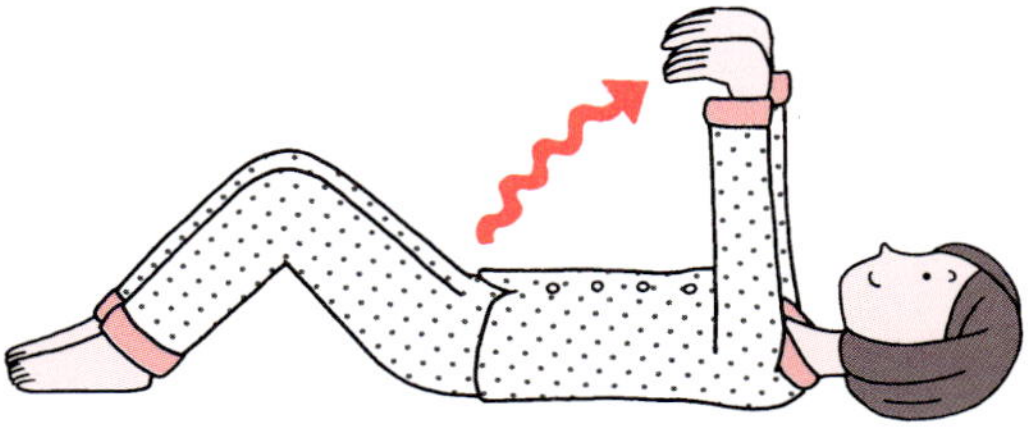

2 両腕の力を抜き、ゆっくりと上げる。

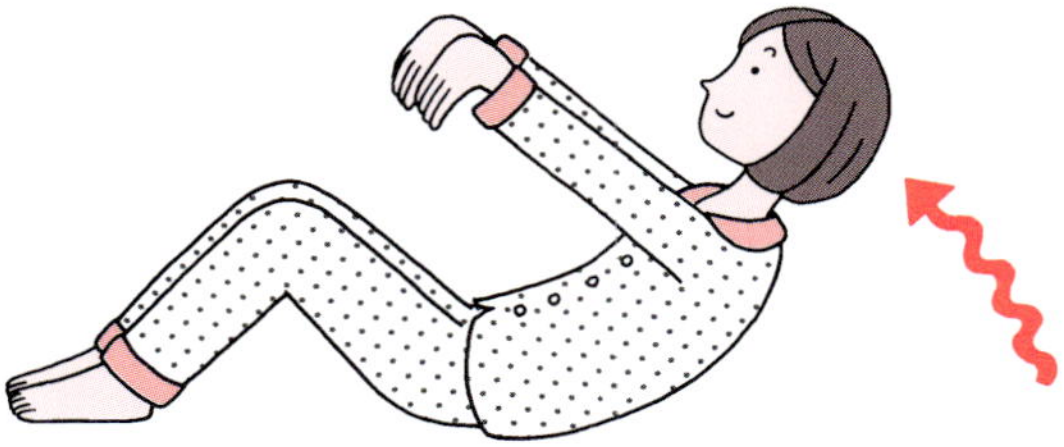

3 上げた手をひざにつけるつもりで、息を吐きながら上半身をゆっくりと起こす。２秒数えてから、息を吸いながらゆっくりと **2** に戻る。

メソッド

5

朝食はフレッシュジュース

ビタミン&ミネラルたっぷりのジュース

私の朝食は、基本的にしぼりたてのフレッシュジュースをグラスに1杯です。40代になってからこのスタイルになりましたが、昼食までおなかが減ることもなく、ふつうに朝食を食べていた頃より仕事に集中できています。

ごはんやパンを食べないので、それだけで足りますかと驚かれることもありますが、ジュースの材料であるりんごやにんじんには糖質が含まれているので、エネルギー不足になる心配はありません。

ジュースのいいところは糖質以外に、ビタミンやミネラル、水溶性食物繊維など不足しがちな栄養素がとれることです。ふつうに食べていた頃よりも体調がよくなっているので、私にとってフレッシュジュースの朝食は**ダイエットにも健康にもいい絶好のメニュー**です。ふつうに朝食を食べていた頃は太っていたので、おそらく食べすぎていたか、栄養のバランスが崩れていたのでしょう。

もちろん、朝食がジュースでないといけないというわけではありません。自分の生活習慣に合った〝なんちゃって糖質制限〟をしようとしたら、今の食習

Dr. 池谷の「ダイエット＆若返り食習慣」

AM 6:00 頃

起床・庭の掃除・犬の散歩

AM 7:00 頃

朝食（フレッシュジュース）
午前の診察

PM 2:00 頃

昼食（コンビニエンスストアで健康的＆ダイエットになる食事）

PM 2:30 頃

コーヒーブレイクでほっとひと息
午後の診察

PM 8:00 頃

夕食（妻の手料理と好きなアルコール）
運動・入浴・就寝

慣に行き着いたのです。

当日の夕食と運動量で調整

医師の仕事はハードです。1日診察に追われているので、昼食をゆっくりとる時間はほとんどありません。そのため、私の昼食はコンビニエンスストアで調達しています。

その代わり、夕食は妻の手料理やアルコールを楽しみます。最近はテレビなどの仕事が増えて外食もあるのですが、夕食はなるべく家で食べるようにしています。

夕食をしっかり食べるので、翌日の朝食は軽めに、そして野菜や果物が不足しがちになるので、フレッシュジュースでそれをカバーしているのです。

私は、「朝食と昼食は夜に何を食べる予定かで決まる」と考えています。

夕食をしっかり食べるのであれば、翌日の朝食を軽くする。とてもシンプルですよね。もしあなたが夜帰るのが遅く、軽くすませるのであれば、朝食でごはんやパンなどの糖質をとればいいのです。

さらに私は、当日の運動量でも朝食の量を調整しています。テニスやゴルフなどの運動をするときには、おにぎりやパンなど糖質を少し追加して食べています。当日の夕食と運動量で朝食を調整すれば、食べすぎることもなくなりますし、エネルギー不足で倒れる心配もありません。

ご参考までに、私が毎日飲んでいるフレッシュジュースの作り方を紹介します。基本はにんじんとりんごですが、季節の野菜や果物を入れることもあります。アマニ油は若返りに役立ついい油なので（76ページ参照）、朝のジュースに入れて毎日とるようにしています。

朝はフレッシュジュース

にんじん1と1/2本（約250g）、りんご1/2個、レモン1/2個を
低速回転のジューサーでしぼり、
小さじ1～2杯のアマニ油を加える。

コラム
3

ダイエットに役立つ油をとる
美容と健康に役立つオメガ3系脂肪酸

糖質は体内で分解されるとブドウ糖になって、エネルギー源として使われます。その代謝や働きはとてもシンプルでわかりやすいのですが、脂質については少し複雑です。

肥満の原因として悪者扱いされがちな脂質ですが、とりすぎが問題なのであって、脂質そのものが悪いわけではありません。むしろ、私たちの細胞膜などの原料となる大切な栄養素です。

まず、脂肪を構成している成分である脂肪酸は構造や働きでいくつかの種類に分けられています。

すべてを説明するとかえって混乱してしまうので、ここではダイエットに関係するオメガ3系脂肪酸について、なぜ美容と健康に役立つのか、わかりやすくお話ししましょう。オメガ3系脂肪酸は魚やアマニ油に多く含まれる脂質です。

ちょっと難しくなるのですが、細胞膜を構成するための脂肪酸の数は決まっています。脂肪酸が座れるイスの数は限られているのですが、そこにどの脂肪酸が座るかによって、細胞そのものの働きに違いが生じます。

オメガ3系脂肪酸のイスが少ないとき、逆に増えるのがオメガ6系脂肪酸です。

●マウスを約1か月、同じエサで育てた実験

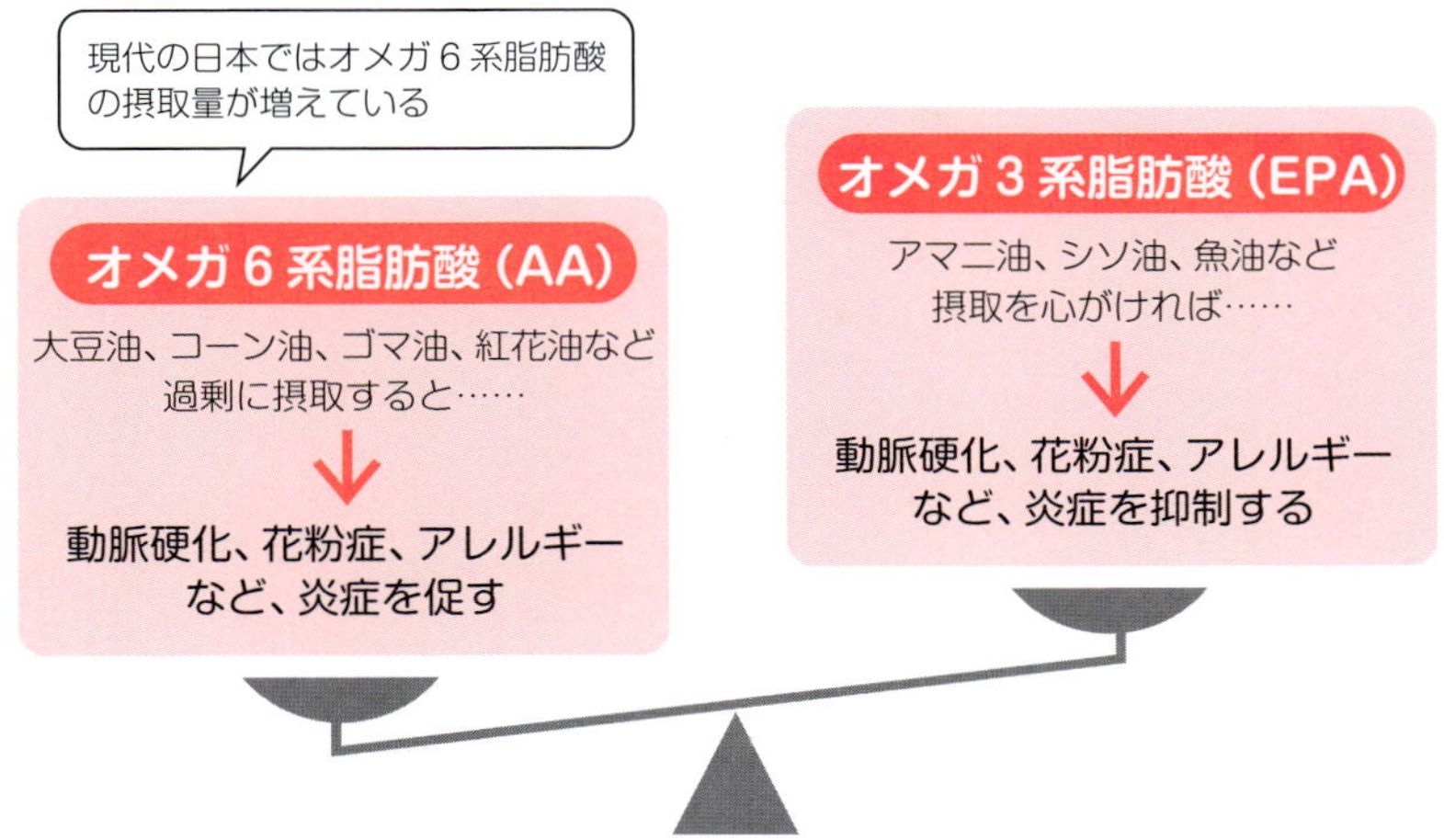
現代の日本ではオメガ6系脂肪酸の摂取量が増えている
オメガ6系脂肪酸（AA）
大豆油、コーン油、ゴマ油、紅花油など過剰に摂取すると……
動脈硬化、花粉症、アレルギーなど、炎症を促す
オメガ3系脂肪酸（EPA）
アマニ油、シソ油、魚油など摂取を心がければ……
動脈硬化、花粉症、アレルギーなど、炎症を抑制する

EPAとAAのバランスをとるために、
オメガ3系脂肪酸を積極的に摂取しよう！

オメガ6系脂肪酸は豚肉や鶏肉、卵など動物性食品のほか、サラダ油やコーン油、大豆油などに多く含まれていて、現代人は過剰に摂取しているとして問題視されています。

聞き慣れない言葉が出てきて難しいかもしれません。ここでオメガ3系脂肪酸とオメガ6系脂肪酸について、簡単に説明しましょう。

①炎症を抑えるオメガ3系脂肪酸（EPA）

- 摂取すると細胞膜の炎症を抑える。動脈硬化やアレルギーの予防に役立つ。
- EPAは魚に多く含まれている。アマニ油やエゴマ油などに含まれるαリノレン酸も、一部が体内でEPAに合成される。

②炎症を促すオメガ6系脂肪酸（AA）

- 過剰に摂取すると細胞膜の炎症を招き、動脈硬化やアレルギーを引き起こす。
- 体内でアラキドン酸（AA）に合成される。
- 豚肉や鶏肉、卵など動物性食品のほか、サラダ油やコーン油、大豆油などに多く含まれている。スナック菓子やレトルト食品、揚げ油などによく利用される。

細胞膜のEPAとAAのバランスの違いで何が起こるのか。簡単に言うと、EPAが座っているイスの数が多くなると炎症が抑えられて血管が若返り、逆に少なくなると過剰な炎症が起こり、**動脈硬化が進行しやすくなってしまうのです**。さらにアトピー性皮膚炎などのアレルギーを発症しやすくなるとされています。

アトピー性皮膚炎は皮膚の細胞に炎症が起こっている状態、動脈硬化は血管の壁に炎症が起こっている状態で、それは細胞膜のEPAの割合が少ないことで過剰になって起こります。

美肌や若々しい血管を手に入れるためには、意識してEPAをとるようにしましょう。

EPAはダイエットにも役立ちます。オメガ3系脂肪酸には中性脂肪の合成を抑制し、脂肪の分解を促す酵素を活性化させて脂肪燃焼を促す働きがあり、脂肪燃焼の着火剤となるからです。

左のグラフを見てください。オメガ3系脂肪酸を摂取したケースとオメガ3系脂肪酸以外の油を摂取したケースの、運動による体脂肪量の変化を比較しています。

　週に3回45分間のウォーキングを12週間続けて体脂肪量の変化をみたところ、オメガ3系脂肪酸を摂取したケースのほうが、効率よく体脂肪が減っていることがわかります。

　ウォーキングなどの運動をしたほうが効果的ではありますが、たった5分の運動でも脂肪は燃焼します。5分歩くチャンスは日常生活のなかにいくらでもあります。オメガ3系脂肪酸をとることで脂肪が効率よく燃焼されるのなら、これを利用しないのはもったいないことです。

　魚をしっかり食べるのが理想的ですが、現実には難しいので、私は朝のジュースにアマニ油を入れて飲んでいます。ほかにも、ローストアマニやアマニ粉末をヨーグルトやサラダにかけて、積極的にとるようにしています。アマニ生活おすすめですよ。

●運動による体脂肪量の変化（12週間後）

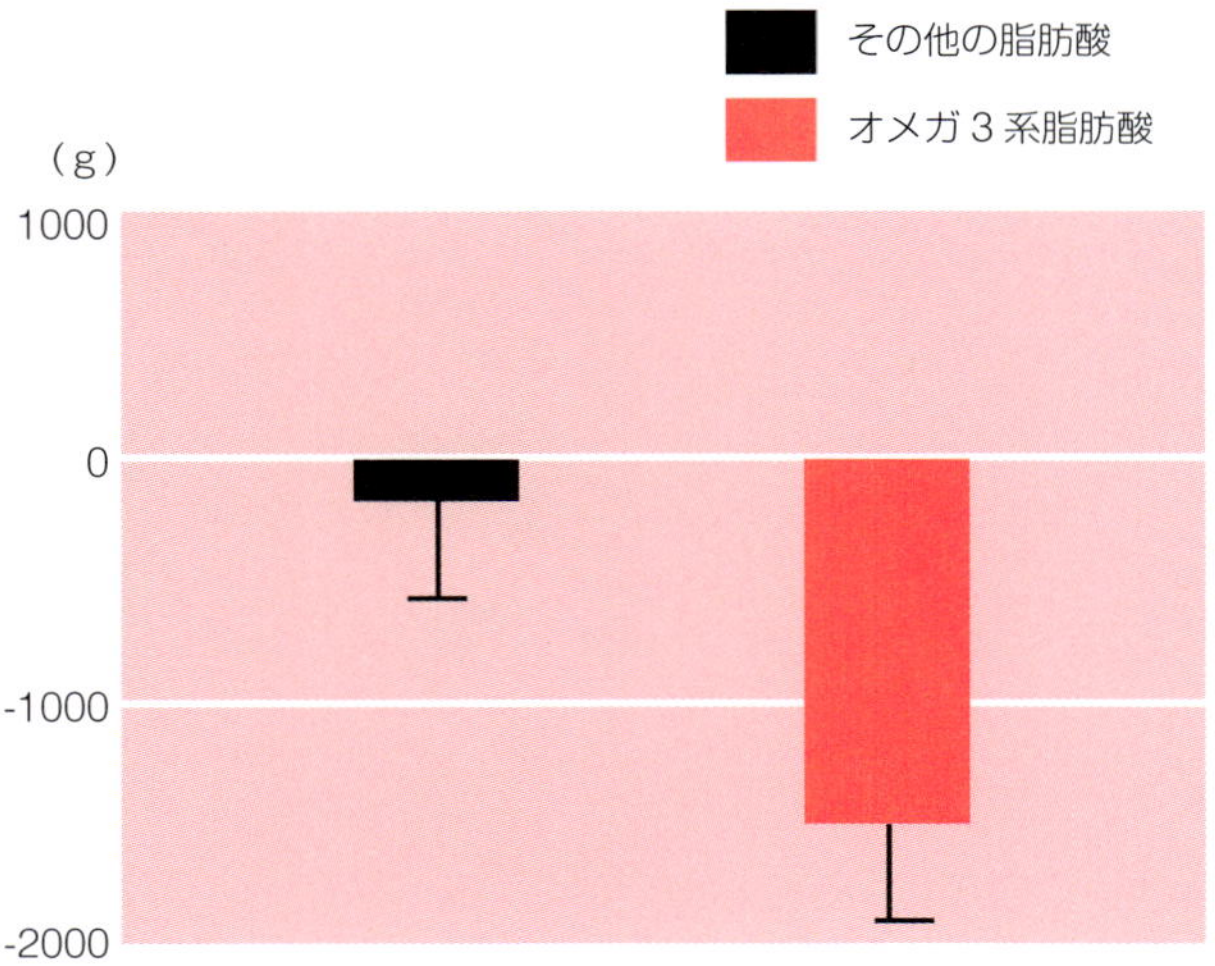

＊出典：Hill et al, Am J Clin Nutr ; 85 ; 1267(2007) より一部改編

メソッド 6

通勤で〝しっかり歩く〟

歩幅を広くとりおなかをへこませて歩く

朝食をすませたら、仕事をしている人は出勤タイムです。通勤で移動している時間は運動するチャンスだと思いましょう。

運動と聞くと、ジョギングやマラソン、水泳、テニスなどのスポーツを想像しがちですが、通勤電車で座るのをやめて立っているだけでも、消費エネルギーが違ってきます。1回はほんのちょっとの違いですが、1か月の間、毎日続ければかなりの違いとなります。

また、立ったり、歩いたりするときに、**おなかに力を入れて背筋を伸ばすよう意識する**だけで、インナーマッスルがきたえられます。これは**ドローイン**というトレーニングで、私は常にこのドローインを意識して、おなかをへこませています。

さらに、歩くときに**ふだんの歩幅よりも5㎝前に足を出しましょう**。インナーマッスルがさらにきたえられます。この歩き方を意識するだけで、自然と早足で歩くようになります。

インナーマッスルがつくと姿勢がスッとして、**立ち姿が美しくなって見た目にも若返ります**。

ドローインを意識する

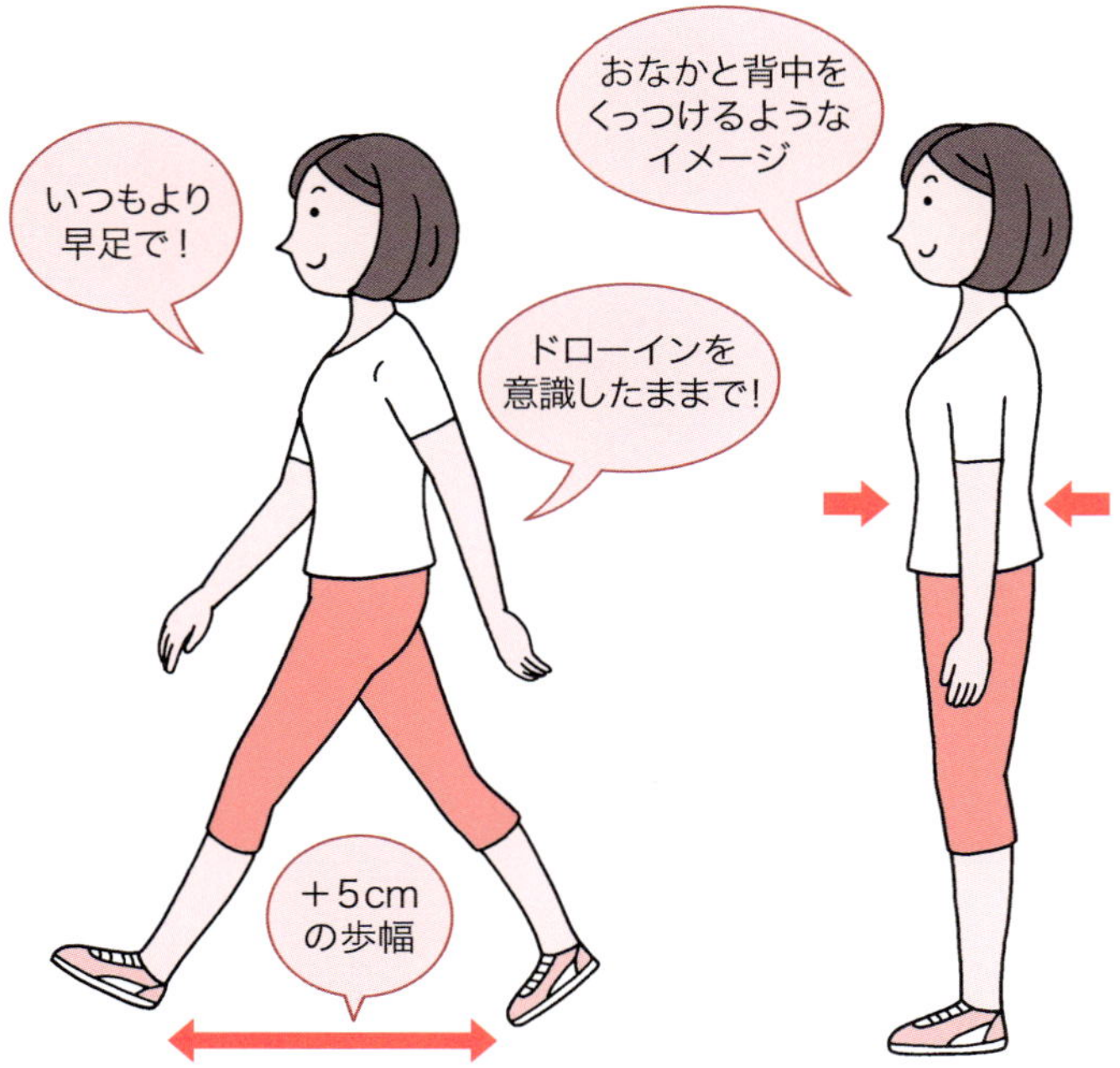

おなかと背中をくっつけるようにイメージし、
おなかに力を入れてへこませる。
立つときや歩くときはその姿勢を常に意識する

メソッド

7

掃除&洗濯でダイエット

ふだんからこまめに動くと太らない

最近は便利な電化製品が増えました。洗濯から乾燥までこなしてくれる全自動洗濯乾燥機、留守の間に床を掃除してくれる掃除ロボットなど、人間の代わりに家事をやってくれる家電製品が人気です。

忙しいときにはこうした便利な家電製品は強い味方となりますが、一方で便利な電化製品が増えたことで、せっかくの体を動かすチャンスが減ってしまっています。

私の妻はどちらかといえばやせ型で、太ったことがありません。妻を見ていると、ふだんからよく動いています。当たり前のことですが、やはり**よく動いている人は太っていません**。

このよく動くとは運動だけではなく、家事などふだんの生活のなかでどれくらい動いているかも関係しています。洗濯や掃除などふだんの家事も、体を動かす立派な運動です。

時間があるときには床を磨いたり、窓を拭いたり、思いきって家中を掃除しましょう。カーテンの洗濯もおすすめです。家がきれいになって、ダイエットに役立つのですからいいことずくめです。

体を使えば家事も運動に

ぞうきんで床を磨いたり、大きな窓を磨いたり、
カーテンなど大きなものを洗濯したり、
体を動かす家事はダイエットになる

メソッド8

コンビニ食で健康的にやせる

コンビニ食も選び方でダイエット食に

コンビニエンスストアで売っているものは健康によくないというイメージがありますが、忙しく、昼食の時間が十分にとれない人間にとって、コンビニエンスストアは強い味方となります。

私も昼食はだいたいコンビニエンスストアで購入しています。それでも健康ですし、太ることもありません。大事なのは、**何を選びどう食べるか**です。何を買うかを選び間違えなければ、健康的なダイエット食になります。

私のコンビニエンスストアでのセレクトは、野菜がたっぷり入ったサラダやスープに、蒸し鶏やゆで卵、豚肉のしょうが焼きなどタンパク質のおかずを組み合わせるようにしています。

最近は野菜がたっぷり入ったメニューや肉や魚のおかずが充実してきて、いろいろ選べるようになって助かっています。

糖質は夕食でとるようにしているので、昼食もごはんやパンは食べません。それでも、野菜やおかずをたっぷりとっているのでおなかいっぱいになりますし、量が少ないとも感じません。

野菜の目安量を知っておこう

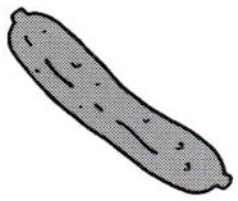
きゅうり
1本（100g）

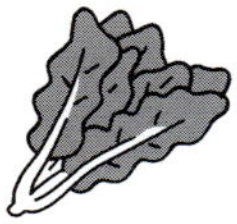
ほうれん草
1/3束（100g）

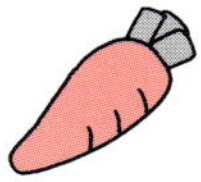
にんじん
1/2本（100g）

トマト
中1個（150g）

アスパラガス
大2本（50g）

ブロッコリー
大3房（80g）

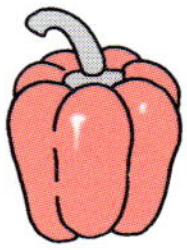
パプリカ
1個（100g）

ピーマン
1個（40g）

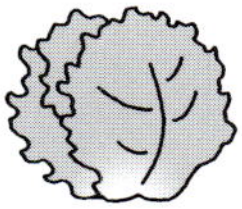
レタス
1枚（30g）

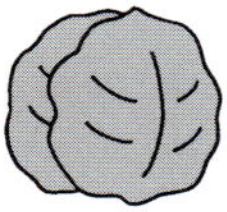
キャベツ
1枚（60g）

白菜
1枚（100g）

大根
5cm（100g）

かぶ（根）
1個（80g）

玉ねぎ
1/2個（100g）

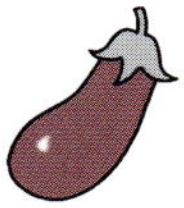
なす
1個（80g）

ねぎ
1本（100g）

もやし
1/2袋（100g）

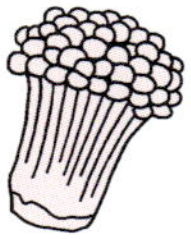
えのきたけ
1袋（100g）

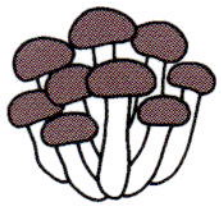
しめじ
1パック（100g）

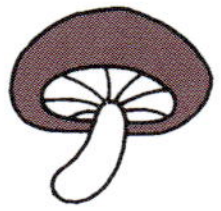
しいたけ
2個（30g）

野菜とタンパク質をしっかりとる

私が、昼食で意識しているのは、野菜とタンパク質をしっかりとることです。

厚生労働省は1日に野菜を350g以上とるようすすめていますが、私の場合、昼食だけでそれくらいの野菜をとっています。

野菜だけだとタンパク質が不足するので、温泉卵や蒸し鶏、ツナ、豆腐などが入っているサラダを選んだり、サラダにちぎったチーズをのせて食べたり、食後にヨーグルトを食べるなどしています。

タンパク質は髪の毛や肌、筋肉、骨などをつくるのに欠かせない大切な栄養素です。ダイエット中も不足しないよう、しっかりとるようにしましょう。

タンパク質は肉や卵、魚介類、乳製品、大豆製品などに多く含まれています。これらをバランスよくとって、不足しないようにすれば、健康的に若々しくやせられます。

ダイエットで陥りがちな失敗に、体重が減ったけれど、肌がカサカサになったり、髪の毛がパサパサしたり、筋肉が減ってしまって老けて見えるやせ方があります。これはタンパク質の不足が原因です。そうならないために、タンパク質のおかずをしっかり食べましょう。

コンビニエンスストアで手に入るタンパク質が多いおかずは、ゆで卵、蒸し鶏、豚肉のしょうが焼き、野菜の入った豚汁などがあります。

チーズやヨーグルトなどの乳製品は、糖質が少なくタンパク質を多く含むので、もの足りないときのプラス一品としておすすめです。ただし、腎臓の病気がある人はタンパク質のとりすぎに注意が必要となりますので調整してください。

タンパク質を多く含む食品

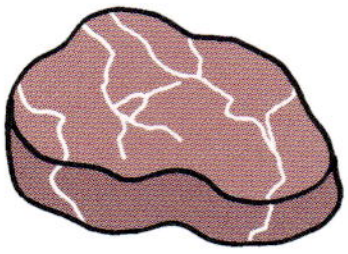

豚ヒレ肉

100g 中に 22.7g

鶏卵

100g（M 玉 2 個）に 12.3g

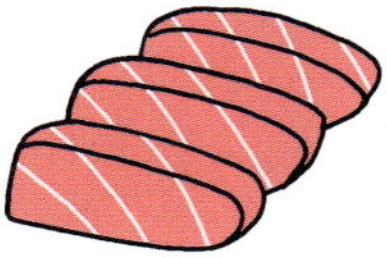

本まぐろ

100g 中に 26.4g

木綿豆腐

150g（1/2 丁）に 9.9g

納豆

50g（1 パック）に 8.3g

粉チーズ

14g（大さじ 1.5）に 6.1g

コラム 4

やせて老けないように ダイエットで陥りやすい落とし穴

せっかくやせても、肌がカサついたり、髪の毛がパサパサしたり、ほおがこけてしまったり、老けたイメージになってしまうことがあります。

これは、少しでも早く、効果的にやせたいと思うあまり、食べる量を減らしすぎてしまうことが原因で、ダイエットで陥りがちな落とし穴です。必要な栄養が不足して細胞の新陳代謝がうまくできなくなり、せっかく体重が減っても老けてしまうのです。

実は、私も40代でダイエットに成功する以前、20代の頃に食べる量を極端に減らすダイエットを行ったことがあります。一時的に体重を減らすことはできたのですが、体調を崩してしまいました。また、そうした無理な食生活を続けられるわけもなく、30代でリバウンドして太ってしまいました。

この失敗があったからこそ、40代では無理なく続けられて習慣になるダイエット法を厳選して実践しました。結果、確実に健康的にやせることができ、血管年齢や見た目も若返ることができたのです。

私たちの体はたくさんの栄養素を必要としています。それらはどれが不足しても、また多すぎてもよくありません。バランスよく、適度にとることが、

健康的で適度に筋肉や脂肪のついた体を手に入れる秘訣です。ダイエット中は必要な栄養素が不足してしまうことがないように気をつけてください。

　特に、タンパク質が不足すると筋肉まで減ってしまって、サルコペニア肥満というメタボリックシンドロームよりも生活習慣病のリスクが高い、筋肉量が少ない肥満に陥りやすくなるので要注意です。

　ダイエットでは「りんごダイエット」「バナナダイエット」「納豆ダイエット」「トマトダイエット」などひとつの食べ物ばかり食べるものや、「糖質制限」「脂質制限」など特定の食材を極端に制限するものが人気です。

　こうした極端なダイエットは栄養バランスが乱れ、必要な栄養まで不足してしまうので、むやみに食べる量を減らさないようにしましょう。

　池谷式ダイエットでは〝なんちゃって糖質制限〟をすすめていますが、減らすのはごはんやパン、めんなど糖質を多く含むものだけです。

　肉や魚介類、卵、乳製品、大豆製品などタンパク質を多く含むものや、野菜などは不足しないようしっかりとるようにしてください。

メソッド 9

温めないおにぎりでダイエット

冷たいおにぎりは血糖値が上がりにくい

昼食でごはんを食べたいという人もいるでしょう。そんな人にはコレがおすすめ。コンビニエンスストアのおにぎりを購入したときに、「温めますか?」と聞かれたら、「いいえ」と断りましょう。

これは、温かいごはんよりも冷たいごはんのほうが、血糖値が上がりにくく、脂肪がつきにくく、便秘解消にも役立つからです。

ごはんに含まれている糖質（でんぷん）は、温度でその性質が変わります。**ごはんが冷える過程で、でんぷんは消化されにくい糖質（resistant starch／レジスタントスターチ）**になり、小腸で消化・吸収されにくくなるのです。

さらに、レジスタントスターチは食物繊維と似たような作用があるので、便秘の改善に役立ち、腸内環境を整えてくれることもわかっています。

糖質を食べたいときには、冷たいおにぎり、冷製パスタ、冷やし中華、冷たいポテトサラダなどを選びましょう。とはいえ、食べすぎれば太りますし、温め直すと元の血糖値が上がりやすいでんぷんに戻るので食べ方に気をつけましょう。

レジスタントスターチの効果

1

糖質や脂質の消化・吸収が
ゆるやかになる
（血糖値が上がりにくい）

2

食物繊維と似たような
作用があり、
便秘解消に役立つ

3

腸内環境の改善に
つながるので
美肌効果も期待できる

コラム
5

おなかをスッキリさせてやせる快便生活のすすめ

がんこな便秘に悩まされているという悩みをよく聞きます。2～3日に1回しか排便がなかったり、ひどい場合には1週間に1、2回しか出ないというケースも聞きます。

便秘しているということは、便が腸にたまっているということです。

たまっている便のぶんだけ体重が減りませんし、腸内環境が悪くなっていきます。やせ体質を手に入れるためには快便生活を目指しましょう。

便秘の原因はいくつかあるので、原因別に対処法を紹介しましょう。

①食物繊維不足による便秘

食物繊維には「水分を吸収して便のカサを増やす」「大腸の蠕動《ぜんどう》運動《うんどう》を促進する」「腸内の老廃物の排泄を促す」などの働きがあり、腸内環境を改善させ、排便を促します。

食物繊維が不足すると便秘しやすくなるので、野菜やきのこ、海藻などをしっかり食べましょう。

②運動不足による便秘

ふだんから体を動かしていると腹筋などを適度に使うため、それによって腸が刺激されて動きが活発になります。運動不足で腹筋が衰えると腸の動きがスムーズにできなくなり、便秘を招いてしまうことがあります。おすすめは便秘改善に効果的な腹筋運動やゾンビ体操です。

また、運動すると自律神経のバランスが整い、腸の働きがスムーズになります。ウォーキングやゾンビ体操などの適度な運動は自律神経が整いやすく、腸の動きが促され、便秘改善に役立ちます。

③ストレスによる便秘

過度なストレスが続くと、大腸の動きが鈍り便秘を招きます。人によっては大腸が過敏になって下痢をしてしまうこともあり、ストレスが原因のときには便秘や下痢を繰り返すことがあります。

ストレスは自律神経と密接に関係しています。適度な運動や入浴などでリラックスして自律神経を整えましょう。

④水分不足による便秘

大腸に送られた食べ物の残りカスは、最初は水分を多く含んだ液体状ですが、大腸を通過している間に水分が吸収されて便になっていきます。

体内の水分が不足していると、体外に排泄する水分の量を減らすために、腸で吸収される水分の量が多くなり便の水分が少なく、かたくなってしまうことがあります。

すると、腸内をスムーズに運べなくなり、便秘がちになってしまいます。水のとりすぎで太ることはありません。ダイエット中でも水分はしっかりとりましょう。

メソッド 10

おやつのためにごはんを調整

糖質はすべてごはんと考える

昼食のメニューを選ぶときには、おやつを食べるかどうかを考えましょう。私が昼食で糖質をとらないのは、午後のブレイクタイムにおやつを食べたいからです。

実は私は甘いものが好きで、今でも午後の診察が始まる前に、コーヒーといっしょにおやつを楽しんでいます。

もちろんたくさん食べるわけではありません。チョコレートやクッキー、羊かんをちょっとだけブラックコーヒーといっしょに味わう程度です。

それでも、甘いおやつには糖質がたっぷり入っています。昼食でごはんを食べて、おやつも楽しんでいては太ってしまいます。**おやつを食べたいときには昼食のごはんを食べない**、そう決めています。

ダイエット中は、食後のデザートという考え方はやめましょう。どうしても食べたいお菓子はごはんと置き換えて考えるといいでしょう。糖質を余分にとるのですから、どこかで糖質を減らして調整しないとダイエットは続けられません。

100kcal程度のおやつの目安量

チョコレート
4かけ（約20g）

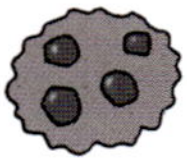

チョコクッキー
2枚（約20g）

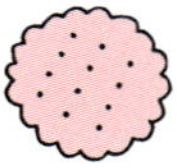

ビスケット
2枚（約20g）

ポテトチップス
10〜15枚（約20g）

エクレア
1/2個（約20g）

シュークリーム
1/2個（約40g）

モンブラン
1/2個（約40g）

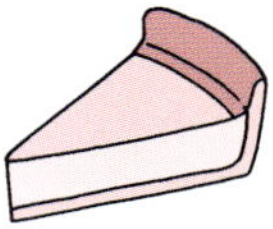

チーズケーキ
1/2個（約40g）

キャラメル
5個（約25g）

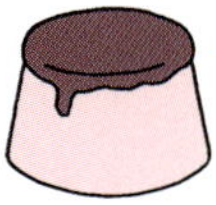

プリン
1個（約80g）

どら焼き
1/3個（約35g）

羊かん
1/2切れ（約35g）

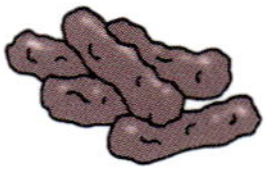

かりんとう
5本（約25g）

メソッド
11

果物をおやつとして楽しむ

果物でビタミン&ミネラルをとる

おやつも楽しみたいけれどごはんも食べたい。そんなあなたにおすすめのおやつは果物です。

果物に含まれている糖質は「果糖」が中心です。一部は小腸で吸収されたときにブドウ糖に分解されるので、血糖値を多少上昇させますが、ほとんどは果糖のまま吸収されるので血糖値はそれほど上がりません。

ただし、柿、ぶどう、メロン、すいかなど甘い果物は血糖値を上げるという報告があるので、それらは避けたほうが安心です。**甘みの少ない果物を選べば、ダイエット中でも心配ありません。**

果物には代謝に欠かせないビタミンやミネラル、食物繊維、ほかにも体内の酸化予防に役立つポリフェノールが含まれています。ダイエット中でも適度に食べたほうが、美容と健康に役立ちます。

果物を乾燥させたドライフルーツもヘルシーフードとして人気ですが、生の果物よりも甘みが増して血糖値が上がりやすくなっているので、ダイエット中は避けたほうが安心です。食べるなら生の果物をそのまま食べるようにしましょう。

ダイエット中におすすめの果物

キウイフルーツ

1 個（100g）約 45kcal

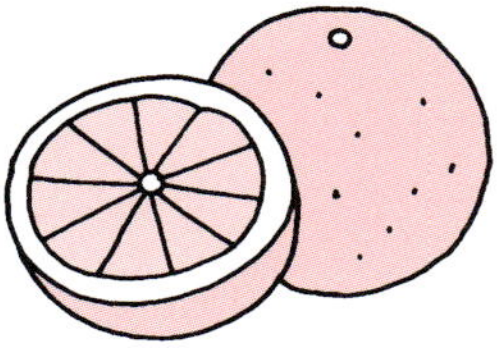

グレープフルーツ

1/2 個（150g）約 40kcal

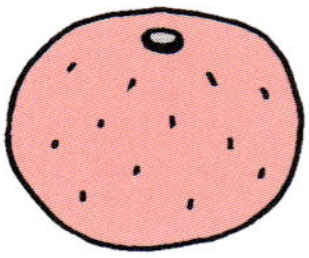

みかん

1 個（100g）約 40kcal

りんご

1/4 個（75g）約 35kcal

いちご

5 粒（75g）約 25kcal

ブルーベリー

20 粒（30g）約 15kcal

＊重量は皮やヘタ、種なども含む

コラム
6

腸内細菌が肥満の原因だった⁉ 食物繊維でやせ体質を手に入れよう

最近、腸内環境が脚光を浴びています。

それは、腸内の細菌の状態が私たちの健康と深くかかわっていることが、最新の研究で次々とわかってきたから。今後、研究が進めば、これまで治らないとされてきた病気が治るかもしれない……。さらには、やせたり太ったりなど、体質にも関係していることがわかってきています。

腸内環境の何が体質や健康に関係しているのかというと、そこにすんでいる細菌です。私たちの腸には１００兆以上の細菌がすみ着いていて、それらはヒトが食べたものをエサにしながら、独自の生態系を形成しています。

これまでは、腸内細菌には善玉菌と悪玉菌があり、善玉菌が多いほうが腸内環境はよく、悪玉菌が多いほど腸内環境が悪いと言われてきました。

実は、それほど単純ではないことが、最新の研究によって次々と明らかになっています。

ダイエットに関連することで、つい最近わかったのは、腸内細菌にはいわゆる**デブ菌が存在していて、それが多いほど太りやすい**という、びっくりするような事実です。

●マウスを約１か月、同じエサで育てた実験

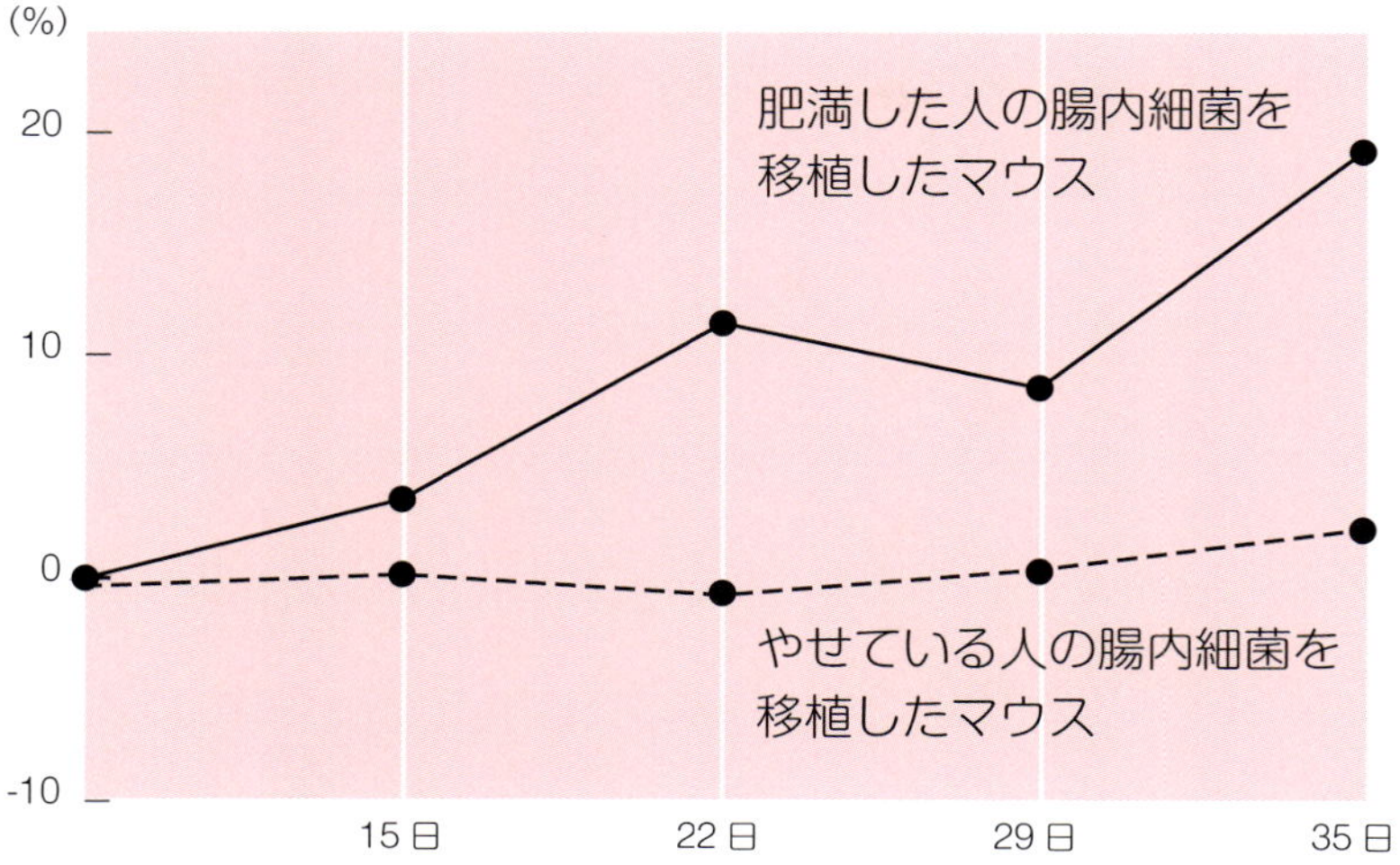

出典：Gordon et al.Science 2013

腸内細菌が肥満の原因になることを科学的に証明したのは、米国ワシントン大学の研究グループでした。その研究内容は、２０１３年に世界的な科学雑誌である『サイエンス』に掲載され世界中から注目を集めたのです。

研究チームは、まず、肥満している人とやせている人の腸内細菌を、無菌状態のマウスにそれぞれ移植して、同じエサを与え、同じ運動量になるようにして１か月間育てました。

すると、やせている人の腸内細菌を移植したマウスは変化がなかったのですが、肥満している人の腸内細菌を移植したマウスはどんどん太っていったのです。

さらに詳しく分析したところ、肥満させる腸内細

菌がいるわけではなく、太ったマウスには「肥満を防ぐ腸内細菌がいない」ことがわかりました。

肥満しているマウスの腸内には極端に少ない菌が数種類あり、それらを外部から移植すると肥満体質も改善することが確認されたのです。腸内細菌にはさまざまな役割があり、ある細菌が少なくなると肥満体質になってしまうことが、この研究で明らかになりました。

その後も、肥満に関係する腸内細菌の研究は進み、腸内細菌の肥満の関係が少しずつわかってきています。東京農工大学特任准教授の木村郁夫氏によると、腸内細菌がつくる短鎖脂肪酸は肥満をコントロールする〝天然のやせ薬〟だそうです。

私たちが肥満するのは、脂肪細胞に脂肪を蓄積して肥大化するためです。

腸内細菌がつくりだす短鎖脂肪酸は血液とともに全身の脂肪細胞に運ばれ、脂肪細胞に脂肪が過剰にとり込まれるのを抑制し、ブレーキをかけるそうです。さらに、交感神経に働きかけて全身の代謝を活性化させることもわかっています。

つまり、短鎖脂肪酸は脂肪の蓄積を抑制し、脂肪の燃焼を促すことで肥満予防に役立っている、ということになります。

肥満している人の腸内では、短鎖脂肪酸をつくりだす能力が落ちているそうです。短鎖脂肪酸と同じような働きがあるお酢を飲んでもいいのですが、それは一時的な効果にすぎません。やはり、腸内細菌につくりだしてもらったほうがいいでしょう。

腸内細菌に短鎖脂肪酸をどんどんつくってもらう

ためには、**腸内細菌のエサである食物繊維をしっかりとる**ようにしましょう。食物繊維が不足すると、それをエサにしている腸内細菌が減り、合成される短鎖脂肪酸も減ってしまいます。

その結果、太りやすくなってしまうそうです。

これまで、肥満の原因は食べすぎと運動不足とされてきました。最近はそれに腸内環境が第三の原因として加わっています。肥満体質を改善するためには、食物繊維をしっかりとって腸内環境の改善を目指しましょう。

今のところ、肥満に関係する腸内細菌ははっきりしていません。ただ、腸内細菌が食物繊維をエサにしていることは間違いありません。

食物繊維を多く含む野菜、きのこ、海藻などは低カロリーでダイエットの味方となる食材です。これらをちょっと多めに食べるようにすれば、それ自体が肥満体質の改善につながるでしょう。

●腸内細菌が肥満を防ぐメカニズム

①腸内細菌が食物繊維などをエサにして短鎖脂肪酸をつくりだす

↓

②腸から吸収された短鎖脂肪酸は血液とともに全身に運ばれる

↓

③脂肪細胞や交感神経のセンサーが短鎖脂肪酸を感知する。脂肪細胞では脂肪の蓄積が抑制され、交感神経は全身の代謝を活性化させる

↓

④肥満の改善・予防になる

メソッド 12

ダイエット中は〝食べたら動く〟

食事で上がった血糖値をすばやく下げる

運動をいつすればいいのか質問されることがあるのですが、患者さんにはごはんを食べて30分ほどしたら体を動かすようすすめています。食後の運動は、食事で上がった血糖値を下げるために有効だからです。

ごはんやパンなどを制限していても、野菜や果物などにも糖質は含まれています。食事をすると、血糖値は一時的に上昇します。

このとき、血液中に使い切れない血糖（ブドウ糖）が残ると、それがインスリンの作用で中性脂肪としてため込まれてしまいます。

体を動かしてエネルギーを消費すれば、血液中のブドウ糖が使われて、中性脂肪に蓄積されるのを避けることができます。

できれば10分以上歩くと脂肪が効率よく燃焼されるのですが、少しでも動けば、動いたぶんだけエネルギーを消費できます。時間がないときには3分でも5分でもかまいません。外に食事に出たときに少し遠回りして帰るだけでも、毎日続ければダイエットにつながります。食後のゾンビ体操（117ページ）も、ダイエットにはおすすめです。

食後の運動で血糖値を下げる

食事をすると30分ほどで血糖値が上がる。
上がった血糖値をすばやく下げるために
食後に体を動かそう

メソッド 13

おやつを食べるなら午後2時に

おやつは太りにくい時間帯に楽しむ

私のおやつタイムは、午後の診察が始まる少し前、2時半～3時の間です。このとき、ブラックコーヒーといっしょにチョコレートやクッキーなどを少しだけ食べるのを楽しみにしています。この幸せはダイエット中もがまんできませんでした。

おやつをこの時間にしているのは、ちゃんと意味があります。それは、**午後2～4時が1日のなかで太りにくい時間帯**だからです。

先ほど時計遺伝子のお話を少ししましたが、時計遺伝子のなかでも**BMAL－1**という物質が、太りやすさに関係しています。ＢＭＡＬ－１には、脂肪の合成を促す働きがあり、さらに、1日のなかで時間帯によってその働きが強くなったり弱くなったりするからです。

ＢＭＡＬ－１は夕方6時頃から徐々に働きが強くなり、深夜2時頃にもっとも作用が強くなります(太りやすい)。その後、徐々に弱まっていって、午後2～4時頃がもっとも働きが弱くなる(太りにくい)のです。

ＢＭＡＬ－１の働きに合わせ、太りにくいタイミ

太りにくい時間帯はBMAL-1で決まる

「BMAL-1」の1日の働きかたの変化

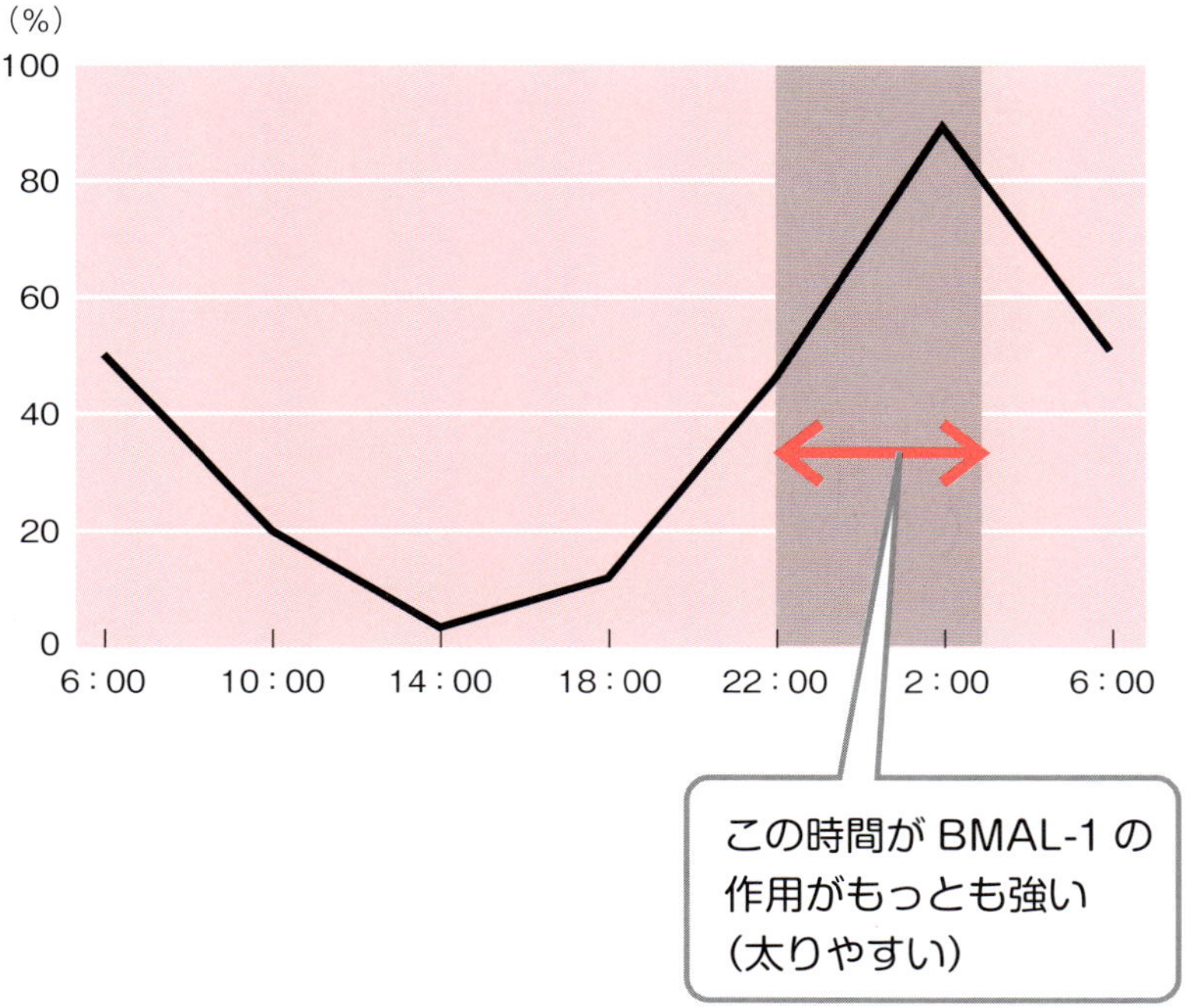

BMAL-1の作用がもっとも弱くなる
午後2〜4時が太りにくい時間帯。
おやつはこのタイミングで楽しむ

ングで食事をするのが「時計遺伝子ダイエット」です。

昼食をＢＭＡＬ－１の作用がもっとも弱い午後２時頃、夕食をＢＭＡＬ－１の作用が強くなる前の午後６時までに食べるのが理想です。

私は、昼食を食べるタイミングが午後２時なのですが、夕食を６時までにすませることは現実的には難しいのでできていません。

せめて、おやつを食べる時間帯は、ＢＭＡＬ－１の作用が弱い午後２～４時の間にしています。おやつは朝に食べたほうがいいという説もありますが、朝はまだＢＭＡＬ－１の働きが強いので、むしろ太りやすい時間帯です。

太りにくくても食べすぎは厳禁

いくら太りにくい時間帯とはいえ、やはり食べすぎは肥満のもととなります。

食べ終わったら残りは見えないところにしまう、お菓子の買いだめをしない、自分のお気に入りのお菓子を少しだけ買っておくなど、食べすぎないように気をつけることがダイエットでは大事です。

とはいえ、まったく食べないなんてがまんできないという意見には賛成です。私もおやつはやめられませんでした。

でも、たくさん食べるわけではありません。チョコレートをブラックコーヒーといっしょに２～３かけ食べれば十分です。おいしいものを少しだけ楽しむ、この幸せのために昼食でごはんを食べないようにしています。

午後の診察もがんばろうと思える至福の時間を楽しむために、昼食の糖質を制限する。このように、糖質を過剰にとりすぎないよう、１日のなかでバランスをとって調整しています。

食べすぎないことも大切

好きなおやつを少しだけ楽しむ、
量を決めて残りは見えないところにしまう、
お菓子の買いだめをしないなど、
食べすぎないために工夫しよう

メソッド14
小腹が減ったら温かいスープ

温かいものは満足度が高い

おなかが減って何か食べたいと思うこともあるでしょう。そんなときには、甘いおやつではなく、温かいスープがおすすめです。

おなかが減ったときにそれをぐっとがまんするのは、かなり忍耐力が必要になります。こうしたがまんは長続きしません。それならば、**食欲を満たしたほうがいい**のです。

ただ、そのときに甘いお菓子を食べるのか、血糖値が上がりにくいスープを食べるのかで、太りやすさがずいぶん違ってきます。

温かいスープをおすすめしているのは、「温かいものは食べるのに時間がかかる」「体が温まる」「糖質が少なめのものが多い」「市販品のバリエーションが豊富で選択肢が多い」「インスタント製品などで手軽にできる」「味覚を満足させる香辛料が入っている」など、さまざまな理由からです。

個人的な感覚になりますが、温かいものはフウフウと冷ましながら食べるのでゆっくり味わうことになります。食べたあとには体がポカポカして満足感があります。

小腹がすいたときのおすすめスープ①

具だくさんのみそ汁

インスタントでも OK

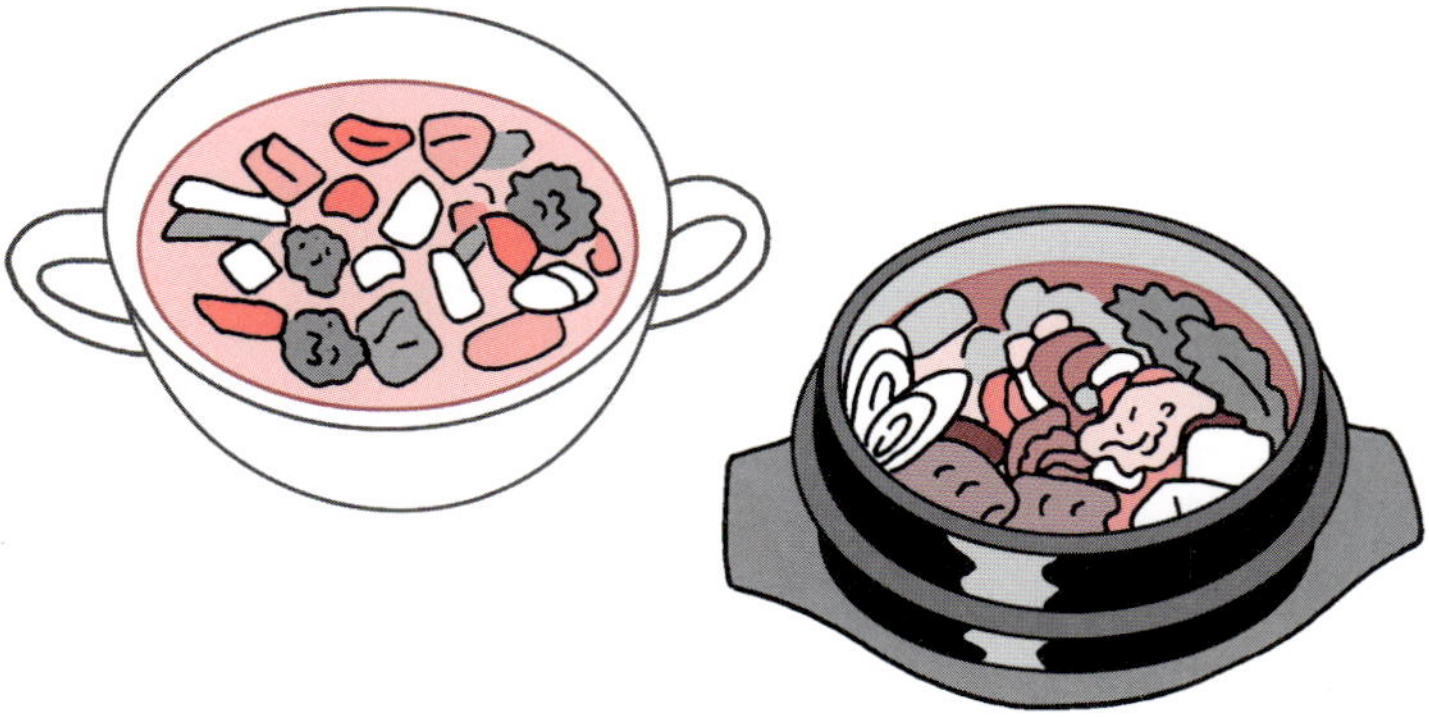

野菜がたっぷり入ったスープ

チゲスープやサンラータン、タンタンスープ。
春雨が入っていないもの

コンビニエンスストアにはお湯を入れるだけのインスタント製品から、具とスープを別々にパッケージしてレンジでチンして食べる本格的なスープまでいろいろなスープがあるので、次はどれを食べようといろいろ楽しめるのもスープをおすすめする理由のひとつです。

しょうがや唐辛子など代謝を高めたり、脂肪の燃焼を促したり、食欲を満足させるのに役立ったりする薬味の入ったものを選ぶと、ダイエット効果はさらにアップするでしょう。

おすすめのコンビニスープ

スープを選ぶときには、春雨やワンタン、いも類など糖質が多い具が入っていないものを選ぶようにしましょう。私が好んで食べるスープをいくつか紹介するので、参考にしてください。

豆腐やねぎ入りのみそ汁、野菜がたっぷり入ったスープは大活躍です。チゲスープやサンラータン、タンタンスープなど辛味や酸味のあるスープもよく食べます。

このほかに、最近、気に入っているのは市販の野菜ジュースをレンジで温めて飲む**ホット野菜ジュース**です。少し酸味があって野菜のポタージュスープのような味わいになり、とてもおいしいです。

寒い時期には粉末の青汁をお湯で溶いて飲んでいるのですが、これもホット野菜ジュースのようなものですね。青汁は乳酸菌入りのものを選んでいるので、腸内環境を整えるのにも役立っています。トマトジュースもおすすめです。

野菜ジュースのなかには果物や果糖が入っているものもあるので、購入するときには材料をチェックして、それらが入っていないものを選びましょう。

小腹がすいたときのおすすめスープ②

市販の野菜ジュースを
レンジでチンしたホット野菜ジュース

粉末の青汁をお湯で溶いたホット青汁

ホットトマトジュース

メソッド
15
もらったお菓子はみんなに配る

もらいものはお裾分けしよう

ダイエットに成功した現在、私が自分からすすんでお菓子を購入することはほとんどありません。疲れているときには甘いチョコレートやクッキーを口にしますが、それらはいただきものや家族が買ってきたものばかりです。

ダイエットを宣言しても、お土産や差し入れで甘いお菓子をもらうことはあります。ダイエット中だからと断ると角が立つし、せっかくいただいたものだから食べないと申し訳ない……。そう思うのが人情でしょう。私もいただきものが多いのでよくわかります。

こんなとき、まったく食べないのは申し訳ないので、ちょっとずつ**お裾分け**して食べています。仕事で打ち合わせをしたときにみんなでつまんだり、持って帰っていただくこともあります。

20個のお菓子を一人で食べるとたくさんの量になりますが、**10人で分ければ一人当たり2個でちょうどよい量**です。みんなで食べたほうがおいしいですし、ダイエットのためにも、気持ちのうえでもお裾分けしたほうがすっきりするのでおすすめです。

お菓子をもらったらみんなで食べる

お菓子をもらったらみんなで食べる
お菓子をもらったときには職場や友人の
集まりなどに持参してお裾分けしよう

メソッド

16

小腹が減ったら体を動かす

空腹感は血糖値が下がったサイン

糖質を制限すると、食後しばらくたっておなかが減ったと感じることがあります。そんなときには、体を動かしましょう。実は**おなかが減ったときこそダイエットのチャンス**です。

空腹感は胃や腸で感じるものではなく、血液中のブドウ糖の量によって脳が判断しています。おなかが減ったと私たちが感じているときは、血液中のブドウ糖を一時的に使い切って、血糖値が下がっている状態なのです。

わかりやすく言うと、脳は、血糖値が下がっているときに「おなかが減った」と感じ、血糖値が上がると「おなかいっぱい」と感じます。

食事で糖質を摂取すると、血糖値は食べ始めてしばらくすると上昇します。早食いは太ると言われるのは、血糖値が上がる前に食べ終わってしまうため、必要以上に食べすぎてしまうからです。

逆に、**よく噛んで食べるといい**と言われるのは、ゆっくり時間をかけて食べることで、食事をしている間に血糖値が上昇して満腹感を覚え、必要以上に食べすぎないことが主な理由です。

空腹感は血糖値しだい

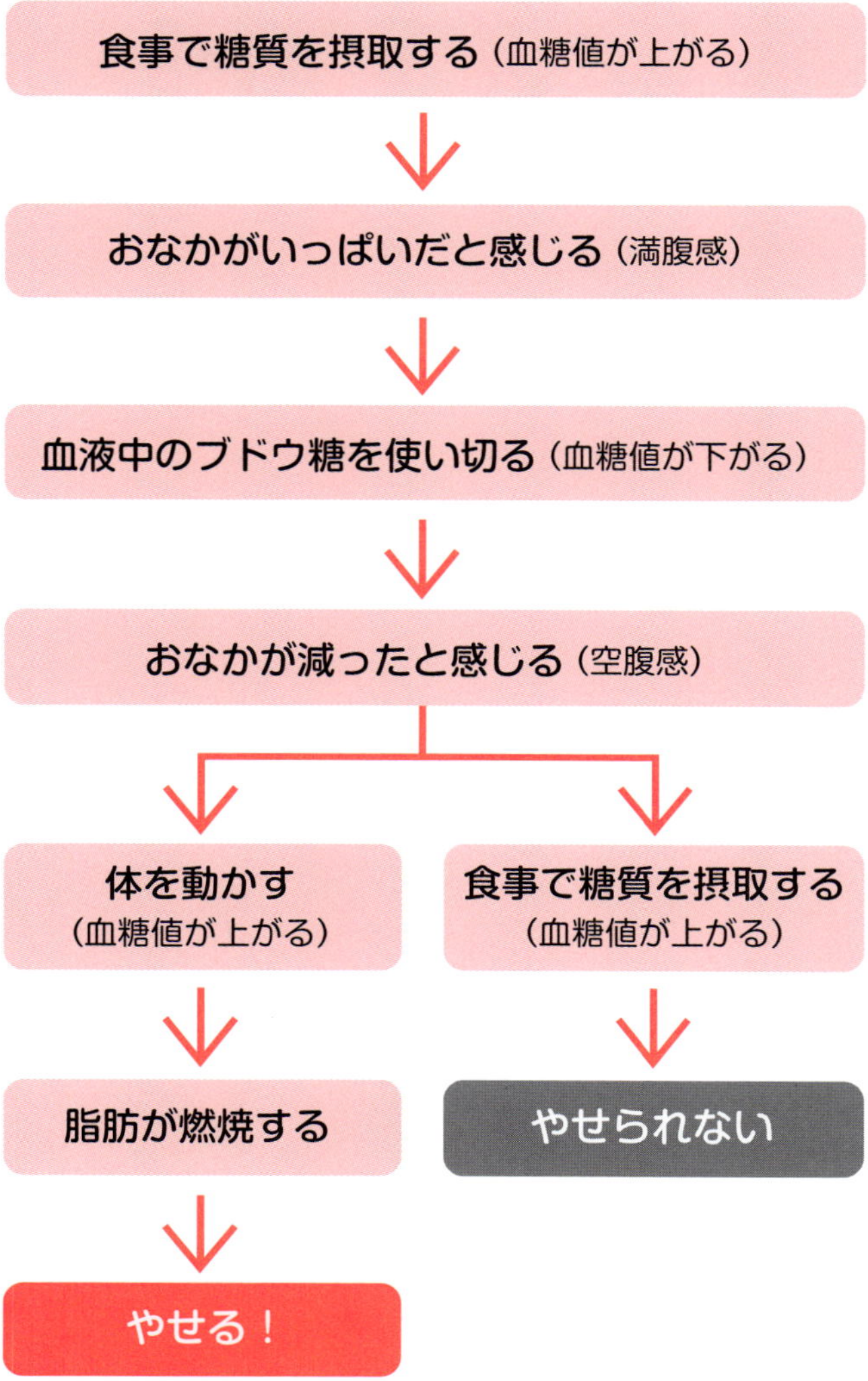
食事で糖質を摂取する（血糖値が上がる）
おなかがいっぱいだと感じる（満腹感）
血液中のブドウ糖を使い切る（血糖値が下がる）
おなかが減ったと感じる（空腹感）
体を動かす
（血糖値が上がる）
脂肪が燃焼する
やせる！
食事で糖質を摂取する
（血糖値が上がる）
やせられない

食後3～4時間たったときの空腹感は、食事によって上昇した血糖値が下がり始めているときに生じるものです。これは、血液中の余分なブドウ糖を使い切りますよというサインです。

血糖値が下がると、脳は「おなかが減った」と感じ、食事をして糖質を補給しようと働きかけます。しかし、これは**みせかけの食欲**なのでだまされないようにしましょう。

体を動かすと血糖値が上がる

エネルギーとなるブドウ糖が不足しないように常に補充しないといけないのでは、と心配になるかもしれませんが、それは体内に余分な糖や脂肪をため込んでいない人の場合です。

エネルギーが枯渇すると、そのまま生命の危険につながります。そんなことにならないよう、私たちの体にはエネルギーをつくるためのシステムが二重三重に備わっているのです。そのために、私たちの体は糖や脂肪をため込みやすく、太りやすくなっているのです。

一般的には、血液中のブドウ糖を使い切っても、肝臓にため込まれている糖が使われるので、**しばらくすると血糖値は上昇し、空腹感はすぐにおさまります**。

また、私たちの体は優先してブドウ糖をエネルギー源として利用するようになっていますが、**ブドウ糖を使い切ったときには脂肪からエネルギーをつくりだせる**ようになっています。

小腹が減ったときには食事で血糖値を上げるのではなく、**体を動かして体内にため込んでいる糖質や脂肪からエネルギーをつくりだす**ようにしましょう。

太っている人は、いざというときにエネルギーが

基本のゾンビ体操

1 背筋を伸ばし、肩の力を抜き、おなかをへこませるようにして力を入れて立つ（81ページ参照）。

2 その場で小刻みに足踏みする。かかとを上げたままで、つま先だけで足踏みするとより効果的。

3 足踏みしながら2を1分間続けたら、両手を大きく振りながら30秒間その場で大きく足踏みして呼吸を整える。このときはかかとをつけてOK。

4 2と3を1セットとして3セット行う。

不足しないよう脂肪をため込んでいるタイプです。おなかの肉がつまめるのであれば、その**脂肪はすべてエネルギー源になる**と考えましょう。おなかが減ったときにおなかの肉をつまみ、おやつを食べるよりもそれを先に使い切るほうが先だと、自分を納得させるのも、ダイエットのモチベーションになります。

いつでもどこでもできる〝ゾンビ体操〟

おなかが減ったときのおすすめはゾンビ体操です。ゾンビ体操は私が考案した有酸素運動で、体を動かしながらリラックスできる、いいことだらけの運動です。

運動嫌いな患者さんでもできる運動はないだろうかと試行錯誤して考案したものです。脱力してゆらゆらと上半身を揺らす動きがゾンビっぽいので〝**ゾンビ体操**〟と名付けました。

ゾンビ体操の魅力は大の運動嫌いの患者さんでもできるくらい簡単なところです。いつでも、どこでも、誰でもできるのですが、動きがユーモラスなので人に見られるとちょっと恥ずかしいかもしれません。でも大丈夫です。ゾンビ体操は立つスペースがあればどこでもできます。

やり方はいたって簡単。その場で足踏みジョギングをするイメージです。これに上半身をゆらゆら動かすのでゾンビのような動きになります。

それだけでと驚かれるかもしれませんが、**ゾンビ体操を朝昼夜に3回行うと、1日30分歩いたのとほぼ同じ運動量**になります。

ゾンビ体操は、ダイエットだけでなく血液循環がよくなり血管年齢の若返りにも効果抜群です。人目につきにくい場所や一人になれる場所があれば、すかさずゾンビ体操を行って脂肪を燃焼しましょう。

上級編のゾンビ体操

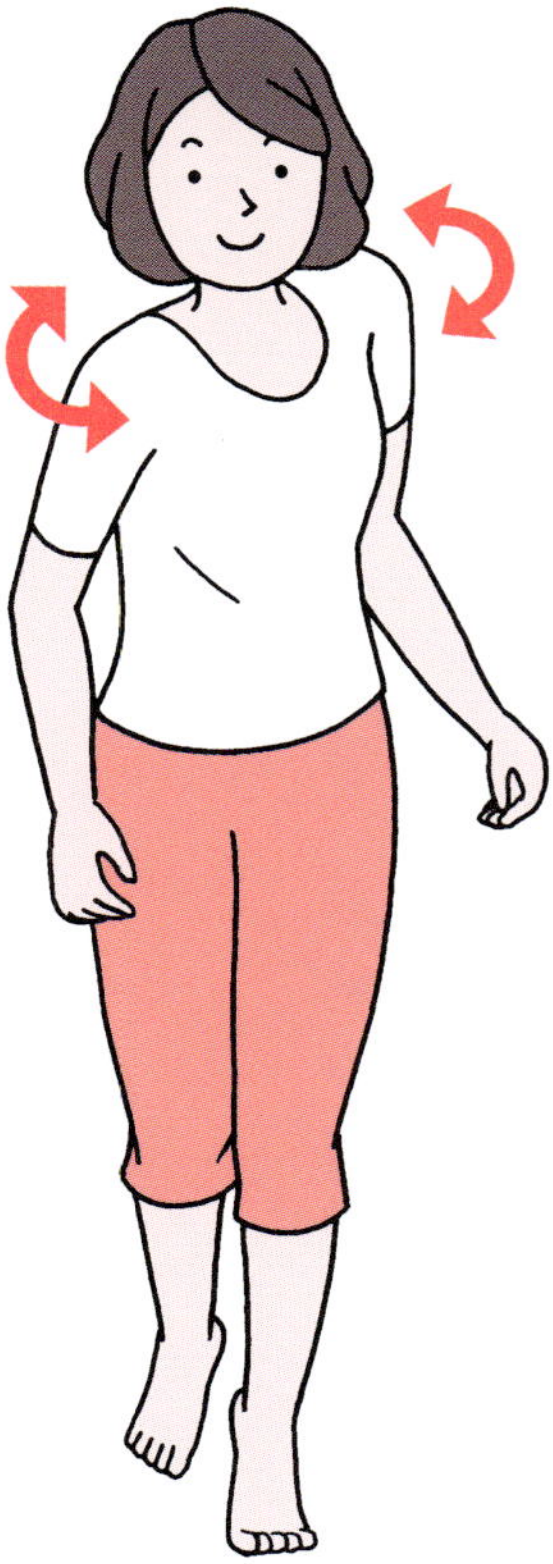

1 117 ページの 2（小刻みに足踏みするとき）に上半身の動きを加える。

2 基本のゾンビ体操を行いながら、両肩を前後に動かして腕を揺らす。肩の動きが大きくなると両腕の動きも自然と大きくなる。子どもがイヤイヤをするように、上半身を動かそう。

3 自律神経を整えるのでリラックス効果がある。肩こり解消にも効く。仕事で疲れたときには、上半身の動きを加えてリフレッシュしても OK。

メソッド 17

席を立ったらちょっと遠回り

こまめな動きの積み重ねが大切

自宅や職場でいったん座ったら「動かざること山のごとし」となっていませんか。私が太っていた頃、そうでした。太って体が重いので、できるだけ最短距離を歩こうとするし、ちょっとの間でも座ろうとしていました。鶏が先か卵が先かという話になりますが、動かないから太りやすく、太ってしまうとおっくうでさらに体を動かさなくなるという悪循環に陥ってしまっていたのです。

とてもささいなことですが、私は席を立つときにはできるだけ遠回りするようにしています。例えばトイレに行くときやカルテやコピーを取りに行くときなど、席を立つときには最短距離ではなく、**少し遠回りして歩く距離を少しでも増やします。**

たったそれだけのことと思われるかもしれませんが、この積み重ねが効いてきます。１回１回の消費エネルギーは少なくても、１日で10回だと１か月で３００回、１日の回数を20回に増やせば６００回になります。

小さなことですが、１か月続けて積み重ねると大きな違いになります。これがとても大事なのです。

席を立つときは遠回りする

**移動するときは最短距離ではなく、
回り道して少しでも歩く距離を増やす**

メソッド
18

水分をとって代謝をアップ

水の飲みすぎでは太らない

ダイエット中は、水分を控えたほうがいいという意見があります。むくみ予防のためかもしれませんが、水分を控えるのはあまりおすすめしません。

そもそも、水を飲みすぎたから太るということはありません。水太りは水分を摂取することが問題ではなく、きちんと排泄できていないためにむくんでいるのです。塩分の過剰摂取や運動不足など、むくみの原因は別にあります。

私はふだんから水分をしっかりとるようにしています。お湯ではなく水を飲むのは、それを体温まで上げるためにエネルギーを使うので代謝がアップするからです。

代謝がアップすればやせやすい体になる、そう考えて水を飲んでいます。水分の代謝がスムーズにできていれば、水分をたくさんとっても余分な水分は尿として排泄されるのでむくむことはありません。

さらに、トイレで席を立つ回数が増えるので、動く回数が増えます。メソッド17の「席を立ったらちょっと遠回り」をする回数が増えて、消費エネルギーがアップします。

水は飲んで出せば問題なし

水を飲む

体温より低い水を
温めるために
エネルギーを
消費する

代謝アップ

トイレの回数が増える

動いて消費する
エネルギーが増え、
体内の老廃物の
排泄が促進される

デトックスになる

↓

**排尿の回数が増え、
それだけ運動量も増える**

水の温度を上げるためにエネルギーを消費し、トイレに行くために体を動かすのですから、ダイエットにはダブルの効果が期待できます。

排尿回数が増えると、それだけ体内の老廃物が排泄されているということですから、デトックスになって美容にも効いていいことづくしです。

〝何を飲むか〟がダイエットのカギになる

水分補給にスポーツドリンクやサイダーやコーラなどを飲んでいませんか。水分摂取のためにと糖質を多く含むドリンクを飲んでしまっては、血糖値が上がってかえって太ってしまいます。

最近は糖質ゼロなどを謳った商品が増えていますが、それらのなかには糖質が含まれているものもあるので要注意です。清涼飲料水を飲みたいときには、パッケージに記載されている糖質（炭水化物）の量をチェックして、糖質が本当にゼロもしくは微量のものを選ぶようにしましょう。

ダイエット中はミネラルウォーターやお茶、ブラックコーヒーなど甘くないものがおすすめです。**ブラックコーヒーは脂肪の燃焼を促す作用**があり、ダイエットに役立ちます（126ページ参照）。

このほか、脂肪の燃焼を促す**トクホ（特定保健用食品）**なども活用しています。トクホとは、体内の生理機能に影響を与える保健機能成分を含む食品として、公の機関が認めた商品で、効果や安全性がヒトでの臨床試験で確認されています。

コレステロールの低下、血糖値の上昇を抑える、体脂肪の減少を促すなどさまざまな効果を謳ったトクホが販売されています。もちろん、トクホを飲んだからと安心して暴飲暴食をするのではなく、ダイエットの基本を守りましょう。

トクホ飲料の種類

体脂肪・LDL コレステロール

2つの働きカテキン緑茶（伊藤園）

食後の血糖値の上昇を抑える

「健茶王」（アサヒ飲料）
三ツ矢サイダー プラス（アサヒ飲料）

脂肪の吸収を抑える

キリン メッツ コーラ（KIRIN）
ペプシ スペシャル（サントリー）
黒烏龍茶（サントリー）

脂肪の燃焼を促す

ヘルシア 緑茶（花王）
ヘルシアウォーター グレープフルーツ味（花王）
ヘルシアコーヒー 無糖ブラック（花王）

脂肪を分解する

伊右衛門 特茶（サントリー）

メソッド 19

コーヒーで脂肪燃焼をアップ!

疲れたときにはコーヒーでほっとひと息

午後3時頃は集中力も切れてきて、甘いおやつが欲しくなるタイミングです。そんなときにはブラックコーヒーで気分転換しましょう。私も、ブラックコーヒーをよく飲みます。

コーヒーに含まれているカフェインには、眠気を解消したり気分をすっきりさせる覚醒作用や、脳に刺激を与える作用や、体の活動を活性化させてくれる作用があるのでリフレッシュにおすすめです。

最近の研究では**脂肪の燃焼を促す作用がある**ことがわかり、ダイエット目的で**運動前にコーヒーを摂取するとよい**と言われています。カフェインは緑茶や紅茶にも含まれているので、これらを飲んでもいいのですが、コーヒーにもっとも多く含まれているので、コーヒーがすすめられています。

カフェインのダイエット効果

カフェインがなぜダイエットにいいのか諸説ありますが、なかでも次の3つがよく知られています。

●筋肉に直接作用する

筋肉での神経伝達物質の放出を促し、より強く筋

カフェインを多く含むドリンク

インスタントコーヒー

70mg

ドリップコーヒー

100～150mg

紅茶

50～80mg

緑茶（玉露）

180mg

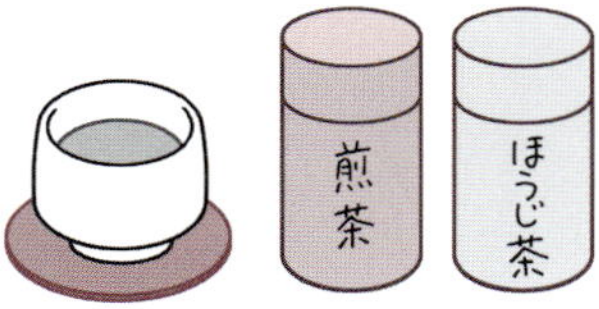

緑茶（煎茶・ほうじ茶）

30mg

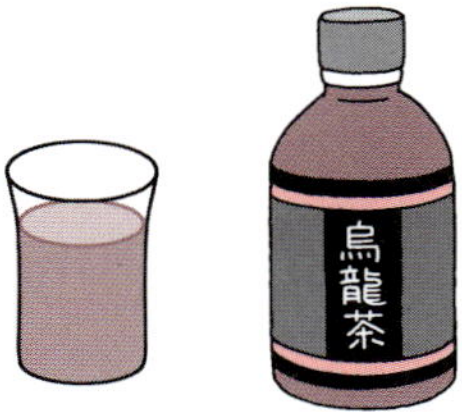

ウーロン茶

30mg

＊150cc の目安量

肉が収縮してエネルギー消費が高まる。

●運動への集中力が高まる

脳に作用して集中力を高め、強度の高い運動（つらいと感じる運動）を効果的かつ長時間続けることにつながる（運動のパフォーマンスがアップする）。

●脂肪の燃焼を促す

運動前にカフェインを摂取すると、グリコーゲン（体内に貯蔵されたブドウ糖）ではなく、脂肪をエネルギー源として使うよう促される（脂肪の燃焼を促す）。脂肪細胞にため込まれた脂肪の分解を促す作用もある。

こうした研究報告から、運動の前にコーヒーを飲むとダイエットにいいとされています。

ただし、カフェインには興奮作用があるので過剰摂取は危険です。1回に摂取する目安はドリップコーヒー1杯（カフェインの含有量は約２００mg）程度。脂肪燃焼効果を高めるためには、**運動の15～30分前に飲むとよい**と言われています。

ダイエット効果以外に、コーヒーには心筋梗塞の予防効果があるという報告もあります。またカフェインだけでなく、血糖値の上昇を抑制し、抗酸化作用が非常に強く活性酸素を無害化する**クロロゲン酸**が含まれていることがわかり、健康のためにはコーヒーを積極的に飲むようすすめられています。

疲れた、小腹が減ったと思ったときには、コーヒーを飲んで、先ほど紹介したゾンビ体操（１１７ページ参照）や、席に座ってできる筋トレなどを行ってみてはいかがでしょうか。

コーヒーが苦手な人は無理に飲むことはありません。紅茶や緑茶などカフェインを含む飲料はほかにもあるので、それらを利用しましょう。

座ってできる筋トレ

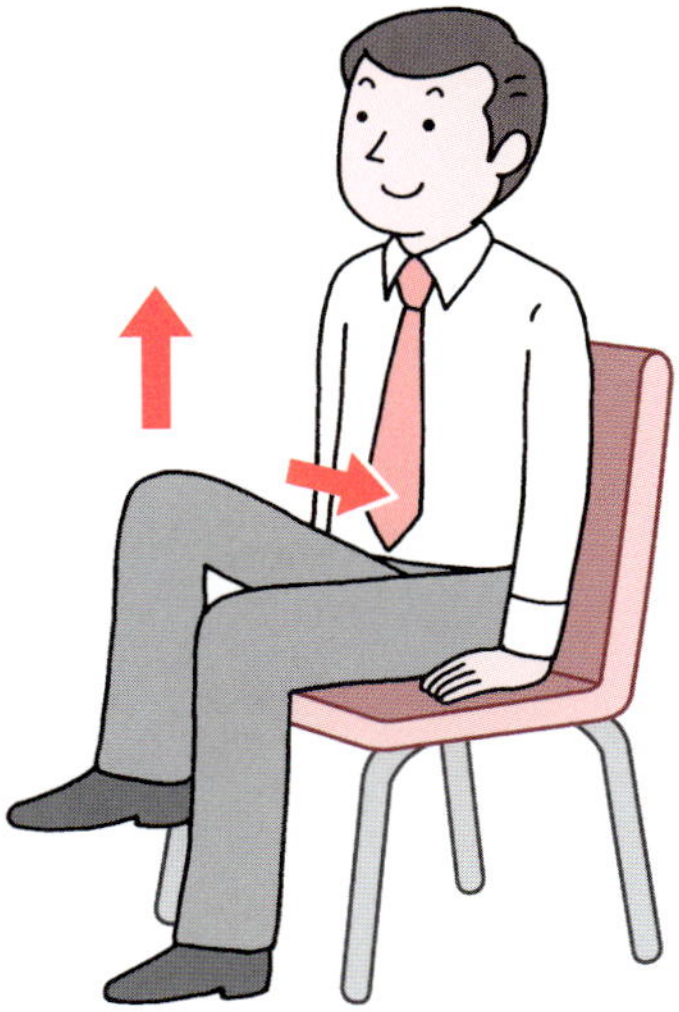

1 両手で座面を押しつけるようにして、上半身を固定する。

2 片足ずつ、足踏みをする要領で太ももを持ち上げておろす。20 回繰り返す。反対の足も行う。

3 2 を 4～10 回行う。

メソッド 20

夕食は品数を増やして満足度アップ

夕食はごはんを中心に考えない

さて、いよいよ夕食です。私にとって夕食は好きなものをゆっくり食べられる時間なので、毎日楽しみにしています。夕食で気をつけていることや、患者さんや読者の方からご質問のある注意点をいくつかご紹介しましょう。

外食をするとどうしても糖質が多くなってしまうので、できるだけ自宅で食べるようにしています。食事は妻がつくってくれますが、ときには自分でつくることもあります。いろいろ工夫しながら食事をつくるのは、楽しいものです。

夕食で気をつけているのは、やはりごはんの食べ方でしょうか。もっと言えば、献立はごはん中心で考えない、これにつきます。

日本の献立は、主食（ごはん、パン、めんなど）を中心に、主菜（メインのおかず）や副菜（野菜のおかずや汁物）を考えます。日本では食事の献立は主食ありき、おかずはごはんをおいしく食べるためのものという位置づけです。

まずはこの意識を変えましょう。ごはんは最後に食べるおかずとして考えるのです。

献立はおかず中心に考える

メインのおかず
（肉、魚介類、卵、豆腐製品など
タンパク質を多く含むもの）

野菜のおかず
（野菜、きのこ、海藻などを使った
おかずは 2～3 品用意する）

ごはん
（最後に食べる。
もうちょっと食べたいなという
腹八分目の量にする）

ごはんは最後に食べる

私は、サラダやスープで野菜をたっぷり食べてから、肉や魚介類などのおかずを食べ、最後にごはんを食べるようにしています。これは、野菜を先にたべることで血糖値の上昇がゆるやかになるから。

食べる順番を変えるだけですが、血糖値が急上昇しないので、**肥満ホルモンであるインスリンの分泌が抑えられてダイエットになります**。あとは、**よく噛んでゆっくり食べる**ようにしています。これも食べきってしまう前に満腹感を覚えるため、食べすぎ予防に役立ちます。

ごはんの量は決めておらず、おかずでおなかがいっぱいになったときは食べないこともあります。おなかの状態と相談して食べる量を決めているので、食べすぎることはありません。

品数を増やして満足度をアップ

最初は先におかずだけを食べるのにとまどったり、もの足りなく感じたりしますが、品数を多くすることでそのストレスがごまかせます。

野菜のおかずはサラダとほうれん草のソテーなど2品以上にしています。メインのおかずがステーキならつけ合わせにきのこのソテーや温野菜をつけて野菜の量を増やします。品数が増えると、1食で口にする食材の種類が増えて栄養バランスがとりやすくなるうえ、食感や味つけのバリエーションが増して食事の満足度がアップします。

さらに、おかずとごはんを別に食べると減塩にも役立ちます。ごはんといっしょに食べると濃いめの味つけになりますが、おかずだけを食べるときには薄味にしたほうがおいしく感じられるからです。

コラム
7

食べる順番を変えるだけでダイエットに！

ごはんとおかずとみそ汁を順に食べる「三角食べ」がよいと言われていますが、ダイエットでは「野菜だけ」「おかずだけ」を先に食べ、最後にごはんを食べる「順番食べ」のほうがおすすめです。

肥満の原因は血糖値の急上昇が関係しています。食後の血糖値の急上昇を避けるためにおすすめなのが、食物繊維が多いものから食べて、ごはんなど糖質を多く含むものを最後に食べるというふうに、「食べる順番」を変えてみることです。

野菜やきのこ類、海藻類など食物繊維が多いものを先に食べると、インスリンの分泌が抑制されてダイエットに役立ちます。

ほかにも食物繊維は腸管で脂質の吸収を抑制し、便秘の改善にも効果的です。食物繊維を多く含むものは噛みごたえがあるので、自然とよく噛んで食べるようになって満腹感を得やすくなります。

野菜を食べたら、肉や魚や卵などメインのおかずを食べ、最後にごはんやパン、めんなど糖質を多く含むものを食べるようにする。それだけでダイエットになります。

メソッド

21

ごはん茶わんは小さいサイズ！

ごはんは量を決めておかわりしない

夕食ではごはんを食べますが、ごはん茶わんは使っていません。私がごはんを入れるのは小さな小鉢です。

ごはんをおかずとして考える、という意味もあって小鉢にしているのですが、小さめの器で食べることにも意味があります。

もともと私はごはんやパン、めん類、甘いお菓子が好きで、ちょっと油断すると食べすぎてしまいます。それを避けるため、ごはんはおかわりしないと決めています。

そして、ダイエットを始めた頃に、ごはん茶わんは小ぶりなものを用意しました。今はそれよりもさらに小さな小鉢でごはんを食べています。

大きめの器にちょっとしか入っていないと、これだけしか食べられないのかと思ってがっかりします。大きな茶わんに少しだけごはんをよそうよりも、**小さめの器にいっぱい入っていたほうが、見た目に満足感がある**ので小さめの器にしているのです。

ダイエットを始める前に、小さめのごはん茶わんを用意しましょう。

器の大きさ別にみたごはんの量

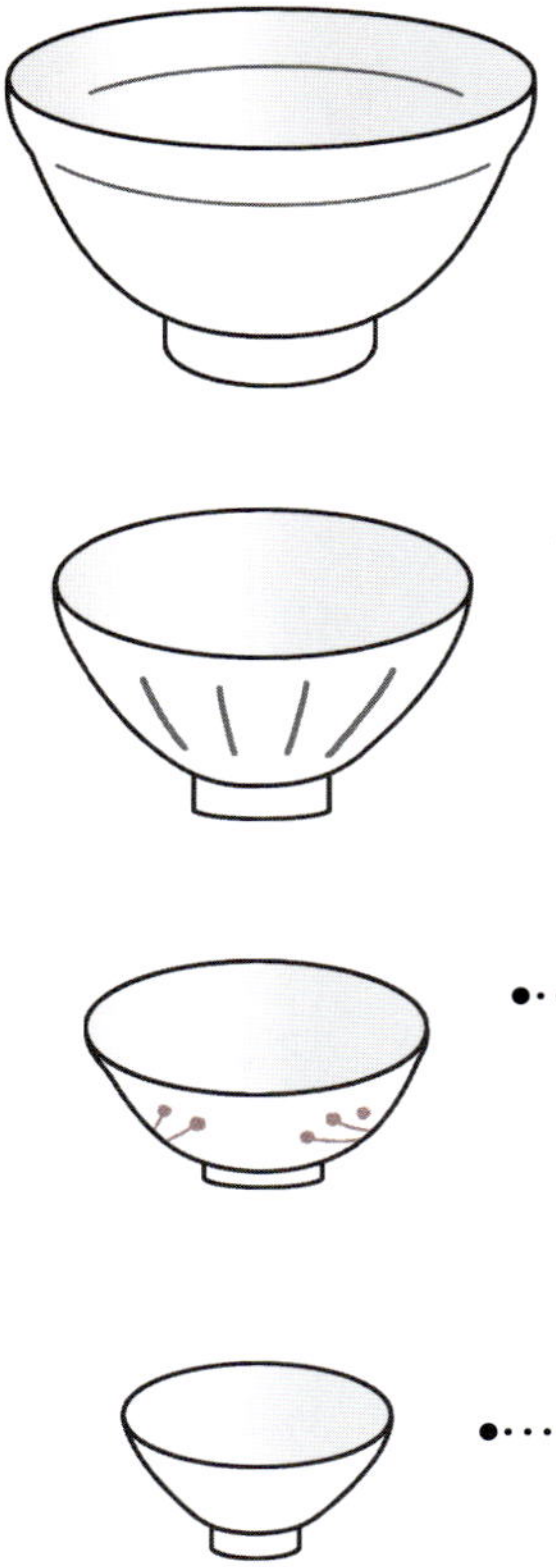

どんぶり茶わん
（直径 15cm 程度）
250～300g

ふつうのごはん茶わん
（直径 10cm 程度）
150～200g

小さめのごはん茶わん
（直径 8cm程度）
100～120g

小鉢
（直径 5cm 程度）
50～80g

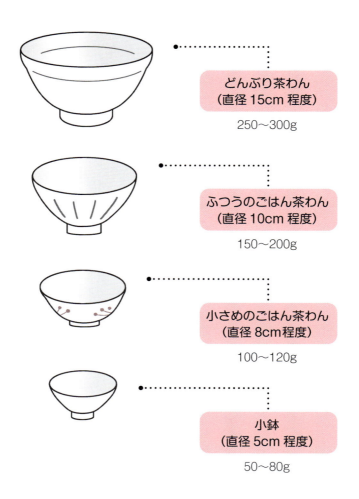

メソッド
22
サラダと具だくさんスープは必須

野菜をたっぷりとる工夫

夕食では薄味の具だくさんスープとサラダを必ず食べるようにしています。

もはや常識と言ってもいいくらいですが、野菜のほとんどはダイエットに役立つ食材ばかりです。野菜がダイエットにいい理由はビタミン、ミネラルのほか、フラボノイドやカロテノイドなどの微量栄養素が豊富に含まれているから。

これらの栄養素は、どれかひとつの成分がダイエットに効いたり、血圧や血糖値を下げたり、健康によい効果を発揮したりするわけではありません。それぞれが体内での重要な役割を担っているので、好き嫌いをせずいろいろな食材をまんべんなく食べることが大切です。

こうした栄養素のなかには、加熱調理で失われるものがあるので、サラダなど生で食べると加熱に弱いビタミンCや微量栄養素を効率よくとることができます。ただ、サラダだけだと量をたくさんとれません。また、加熱しないと食べられない野菜もあるので、具だくさんスープもつけるとバランスよくとれて理想的です。

おすすめサラダと具だくさんスープ

サラダ

レタスやキャベツ、トマト、きゅうりなど生で食べられる野菜はサラダでいただく。ドレッシングにアマニ油やエゴマ油などを使うと代謝を高めるオメガ3系脂肪酸（76ページ参照）をいっしょにとることができる

具だくさんスープ

ごぼう、大根、玉ねぎ、海藻、きのこなど加熱しないと食べられないものはスープに入れる。みそ汁、コンソメスープ、ミネストローネなど味つけはなんでもOK。薄味にして塩分をとりすぎないよう気をつける。

メソッド 23

いもやかぼちゃはごはんと考える

主食以外にも糖質が多いものがある

糖質制限してもやせませんという相談を受けることがあります。何を食べているか詳しく伺うと、じゃがいもやさつまいも、里いも、かぼちゃなど糖質の多いものを食べているケースがあります。

ステーキのつけ合わせによく出てくるフライドポテトや、和食の定食によくついているかぼちゃの煮物、おふくろの味として人気の肉じゃがなどは、糖質を多く含むメニューなので、おかずと考えないようにしましょう。

これらを食べたときには、それでごはんに相当する糖質をとっているので、**最後のごはんは控えるか食べない**ようにしましょう。ここを勘違いしている人が多く、それが原因でなかなかやせられないケースがあります。

私も、ポテト入りのグラタンが好きでときどき食べますが、そのときはごはんを食べないようにしています。同じように、シチューやカレー、いも煮などじゃがいもやかぼちゃが入ったメニューのほか、春雨やくずきりなど糖質が多めの食材が入っているときは、ごはんを控えるようにしています。

気づかれにくい糖質多め食材

白ごはん
36.8g

うどん（ゆで）
20.8 g

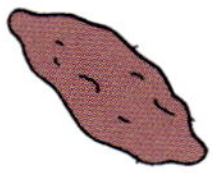
さつまいも
29.2 g

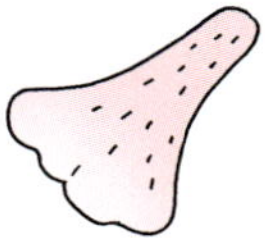
やまといも
24.6 g

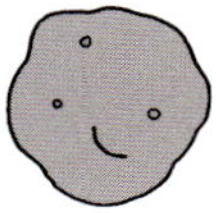
じゃがいも
16.3 g

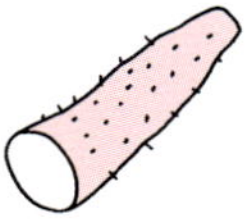
長いも
12.9 g

里いも
10.8 g

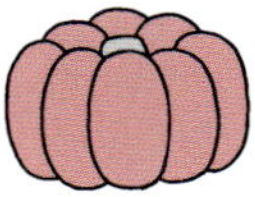
西洋かぼちゃ
17.1 g

スイートコーン
（缶詰・クリーム）
14.0 g

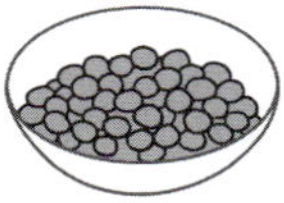
えんどう豆（ゆで）
17.5 g

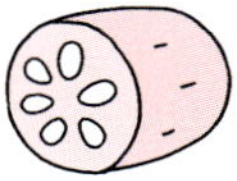
れんこん
13.5 g

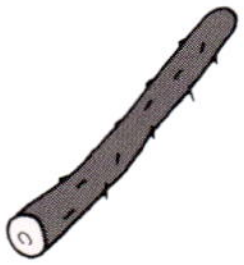
ごぼう
9.7 g

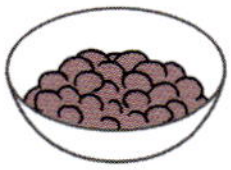
小豆
12.4 g

そら豆
12.9 g

くずきり（ゆで）
32.5 g

＊100g 中の糖質量

メソッド
24
好きなものをときどき楽しむ

ときどきは好きなものを食べて楽しむ

糖質制限をすすめているので、まったく糖質をとっていないと勘違いされていることもありますが、〝なんちゃって〟なので、夕食では糖質をとっています。それに、自分の好きなものだと、ときどきですが、つい食べすぎてしまうこともあります。

私はパンに目がないので、本当においしいパンにあたったときはおかわりしてしまいます。

ただし、このときも食べる前におなかをつまみ、脂肪がついていてもいいから食べたい、そう思うくらいおいしいと思ったときだけ、おかわりするようにしています。

食べたら肉になるけれど、それでも食べたいと思うときはがまんせず楽しんだほうが、ストレスがたまりません。もちろん、翌日は節制しておやつを食べないなど糖質を控えて調整します。

もともとごはんやパンが好きでしたが、食べる量を減らすと以前のように「食べたい」と思わなくなりました。さらに、**ときどき好きなものを食べて、無理にがまんしているわけではありません**。だから続けられています。

好きなパンはおかわりすることも

「おいしい！」と思ったときには好物のパンをおかわりすることも。ただし、食べる前におなかの肉をつまみ、それでも食べたいかひと呼吸おいて考えてからオーダーする。もちろん、翌日は糖質を控えて余分に食べたぶんを調整する

コラム 8

肥満すると食欲が止まらない!?
みせかけの食欲にだまされないように

いったん太るとなかなかやせにくい。ショックを受けるかもしれませんが事実です。

これは、脂肪のなかでもおなかまわりにつく内臓脂肪が悪さをしているからなのです。

内臓脂肪からはさまざまな物質が分泌されています。そのなかには**食欲をコントロールするレプチンというホルモンがあり、これが肥満が肥満を呼ぶ負のスパイラル**をつくりだしています。

レプチンはある程度食べたら、脳に「おなかいっぱい」というサインを送ります。同時に脂肪の蓄積を抑制してエネルギー消費を促す作用もあるのでもともとは、肥満予防のホルモンとされています。

レプチンが正常に働いていれば問題ないのですが、内臓脂肪が増えるとレプチンからのサインを受け取りにくくなってしまい、レプチンが出ているのに満腹感を覚えにくい状態になってしまいます。

すると、実際にはおなかいっぱいになっていても脳が満腹サインをきちんと受け取れずさらに食べてしまい、さらに太ってしまいます。その結果、レプチンのサインがさらに受け取りにくくなり、食欲がおさまらなくなってさらなる肥満を招いてしまうのです。

ダイエット中に〝もっと食べたい〟と思ったときは、レプチンが正常に作用していないせいであることを思い出して、本当に食べたいのか、もう一度、自分のおなかと相談してみてください。

むしろ、「もう少し食べたい」と思うくらいのところでストップして、ごちそうさまを言う習慣をつけてみませんか。

内臓脂肪が減って、レプチンが正常に作用するようになれば、みせかけの食欲に脳がだまされることもなくなります。最初はつらいかもしれませんが、まずはぐっとがまんしましょう。

それを続けていれば、やがて正常な食欲を取り戻し、食べすぎることが徐々になくなっていきます。

食欲にはレプチン以外にもいくつかのホルモンが関係しています。食欲の抑制に働くのはセロトニンです。セロトニンは精神を安定させるホルモンというイメージがありますが、満腹感を覚えさせ、食欲を抑制させる作用も持っています。

ストレスがたまったときに甘いお菓子が食べたくなるのは、セロトニンが枯渇して食欲の抑制がうまくできなくなるからと言われています。

ストレスがたまったときには食べることでまぎらせるのではなく、好きな音楽を聴いて気分転換したり、ぐっすり眠ったり、入浴したりして、気持ちをリラックスさせましょう。

リラックスする時間を持つことでセロトニンが増加し、過食予防につながります。

メソッド

25

アルコールは種類ではなく量

その日の気分で好きなものを楽しむ

アルコールについては糖質の少ないものがよい、赤ワインが健康長寿によいなどいろいろあります。

私は、ダイエット目的であれば、〝何を〟飲むかはそれほど気にしなくていいと思っています。

アルコールは、飲みすぎなければいいのです。

夕食で飲むのはイタリアンならワイン、和食なら日本酒や焼酎、食後に仕事をするときにはノンアルコールビールなど、料理に合わせたり、その日の気分で飲みたいものを楽しんでいます。

九州大学が50年以上継続している大規模な疫学研究「久山町研究」でも、少量の飲酒は脳梗塞の予防に役立つというデータが出ていますし、海外のさまざまな研究でも、まったく飲まないよりも適度な飲酒のほうが、脳梗塞や心筋梗塞などによる突然死予防に役立つという報告があります。

ただ、最近、「健康のためには飲酒量は少ないほうがよい」という研究結果が発表されました。

適度な飲酒は気分をリラックスさせてくれます。ただし、飲みすぎると血管トラブルのリスクが高くなるので、適量は守ってくださいね。

お酒の1日の適量

日本酒

1合

ビール

中びん1本

焼酎

1/2合弱

ワイン

グラス2杯程度

ブランデー

ダブル1杯

ウィスキー

ダブル1杯

メソッド
26

筋トレで体を引き締める

食後はテレビを見ながら筋トレ

ダイエットに成功した今、また太らないためにできるだけ運動をするようにしています。

日中はゾンビ体操を患者さんといっしょにやったり、移動するときにやったりしているので、有酸素運動はわりとできています。

有酸素運動は消費エネルギーの積み上げに役立ちますが、かっこよくキレイにやせるためには筋トレも必要です。そのため、食後から入浴までの間に腹筋やスクワット、腕立て伏せなどを毎日行うようにしています。

こうした筋トレをおすすめするのは、大胸筋や腹筋、腕の筋肉などたるみがちな部位を引き締めて、**若々しいスタイルを維持できる**からです。

意識して鍛えていないと、加齢とともに筋肉は減っていきます。胸板が薄くなり、腕や太ももの筋肉が落ちると全体的に貧弱なイメージになり、Ｔシャツやカットソーなどボディラインの出る洋服を着ても似合わなくなります。**適度に筋肉がついて、引き締まった体を手に入れる**ためには、毎日の筋トレで体を引き締めましょう。

池谷式　イニシャル腹筋

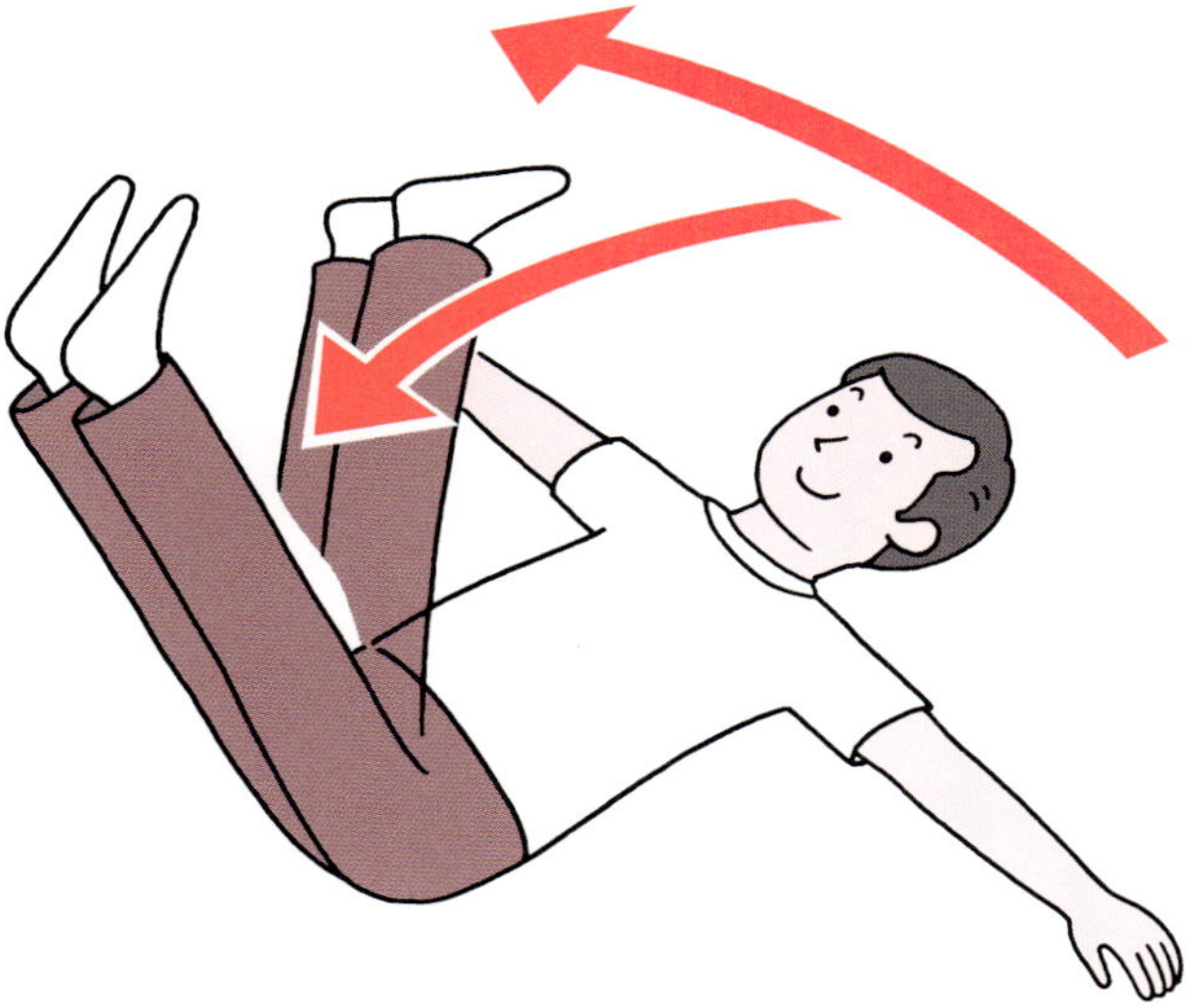

1 仰向けに寝転がり、両手は広げて床につけ、両足は軽くそろえて伸ばす。

2 両足をそろえた状態で持ち上げ、空中で自分のイニシャルを大きく描く。

＊余力があるようなら、平仮名で自分の名前を描くとより強度の高い筋トレになる。

池谷式　腕立て伏せ

1 しっかりした机に、肩幅くらいに広げて両手をつく。足は肩幅より少し広げて立つ。

2 上半身を机に近づけるようにして、ゆっくりと腕を曲げる。

＊10〜15 回行うと効果的。
＊おなかに力を入れて、背筋がまっすぐになるよう意識する。

池谷式　スクワット

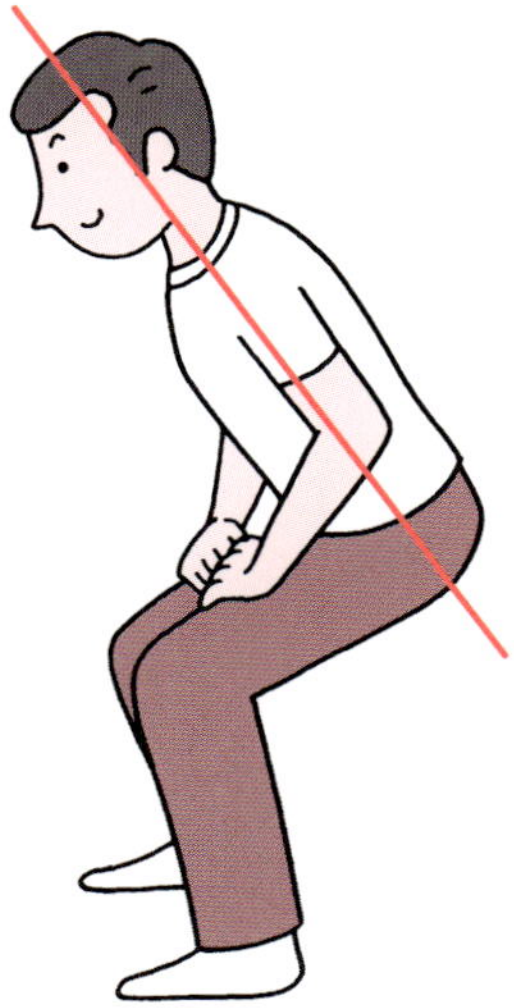

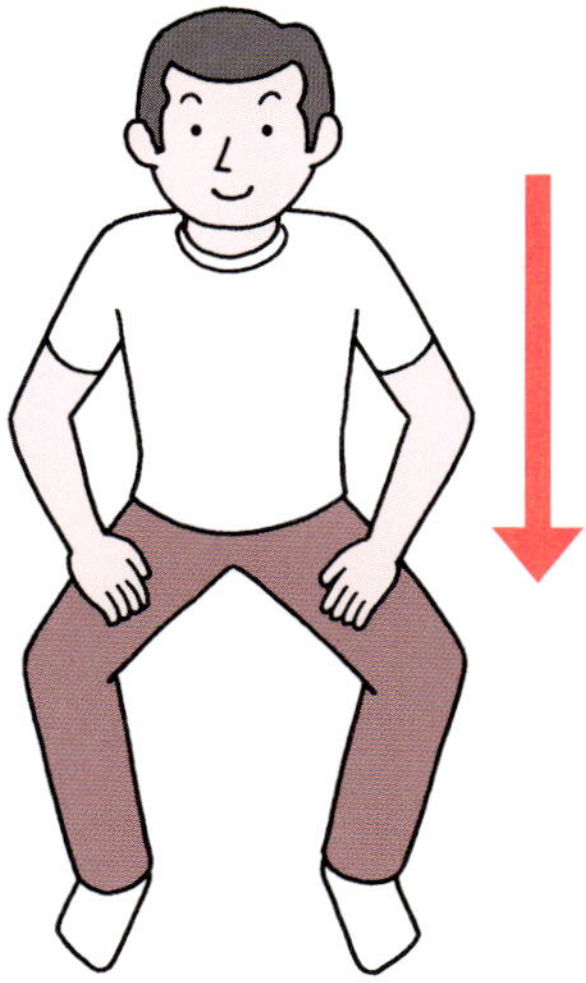

1 両足を肩幅より少し広めに開き、背筋を伸ばして立ち、両手を太ももに当てる。

2 息を吐きながら、1から5まで数えている間、ゆっくりと腰を落とす。

3 がまんできるところまで腰を落としたら、息を吐きながらゆっくりと1の状態に戻る。

＊2〜3回行うと効果的。
＊おなかに力を入れて、背筋がまっすぐになるよう意識する。
＊ひざがつま先よりも前に出ないようにする。2と3を6回行う。

メソッド

27

お風呂は食後の運動と考える

運動が嫌いなら入浴ダイエット

運動がいかにダイエットに効果的か説明しても、嫌いな人にとってはとてもハードルが高く感じるようです。そんなあなたには入浴ダイエットがおすすめです。

帰ったときに食事とお風呂、どちらを先にすませますか？　もし、入浴してから食事をしているなら、その順番を逆にしましょう。運動不足、運動が嫌いでやりたくない人にとって、食後の入浴は唯一の運動のチャンスとなるからです。

食事の前のお風呂は、ごはんやビールをおいしく食べるためのものになります。何より、食事をすませて、何もせず、血糖値が上がった状態でそのまま寝てしまうと、血液中の余ったブドウ糖が中性脂肪となって脂肪細胞にため込まれてしまいます。

なぜ食後の入浴がダイエットにいいのか、それは入浴で運動と同じくらいエネルギーを消費するからです。食事で上がった血糖値を入浴で下げてから寝れば、必要以上に中性脂肪がたまりません。

車に例えると、ガソリン（ブドウ糖）を入れてから車を走らせる（入浴）か、ガソリン（ブドウ糖）

入浴と２㎞のジョギングが同じ!?

＝

体重60kgの人だと
30分の入浴で、２㎞のジョギングと
同程度のエネルギーを消費する！

を入れてすぐに車を止める（睡眠）かの違いです。ガソリンを満タンにしてそのまま止めると太るので、前者がいいのは誰が考えてもわかることでしょう。

入浴のダブルのダイエット効果

なぜ入浴がダイエットに効果的なのでしょうか。お風呂に入ると体温が上がります。体温を上げるためにはエネルギーが使われるので、入浴するだけで運動と同じような効果が得られるのです。

ちなみに、**体重60kgの人が30分入浴したときに消費するエネルギーは、12分間のジョギング（約２㎞のジョギング）をしたときと同程度**です。

わざわざジョギングやウォーキングをしなくても、毎日湯船につかるだけで効率的に脂肪を燃焼させることができるのですから、運動不足の人にとって入浴は絶好の運動の機会と考えましょう。

もうひとつ、入浴には「**むくみが改善する**」という効果もあります。湯船につかっていると汗をかきます。汗をかくと水分や塩分が体外に排泄されるので、むくみが改善されます。

30分は長すぎる、そんなにお風呂に入っていられないという人は、無理に長時間入る必要はありません。シャワー浴で十分という人もいるでしょう。

そのようなときには、**ゾンビ体操を行ってからシャワーを浴びる**と、入浴と同じくらいのダイエット効果が期待できます（１６０ページ参照）。

カゼをひいたときやよほど疲れているとき、時間がないとき以外は、寝る前に湯船につかったり、シャワーを浴びたりするはずです。せっかくダイエット効果をアップするチャンス、うまく活用しないのはもったいないと思いませんか。入浴ダイエット、ぜひ試してみてください。

入浴でむくみが改善

湯船につかって体の芯から温まると、
血液循環がよくなり、汗がたくさん出る。
余分な水分や塩分が排泄されてむくみ改善になる

メソッド
28

お風呂は最後に入って自転車こぎ

お風呂は最後に入るべし

太っている頃はいつも一番風呂に入っていました。今は入浴ダイエットをより充実させるために、お風呂は最後に入るようにしています。

何をするのかというと、湯船の中で下半身のエクササイズに励んでいるのです。

手軽にできて代謝アップに役立つのが、**湯船の中で行う自転車こぎ**です。

適度な水圧がかかるので、エネルギー消費がアップします。下半身には全身の約70%の筋肉が集中しているので効率のよい筋トレになります。

思い切り足を動かすと水がバシャバシャと飛び散ってしまうので、お湯が減ってしまいます。最後に入ればお湯が多少減っても問題ありません。思う存分、足を動かしましょう。バシャバシャしながら足を動かしていると童心に戻って遊んでいるようで楽しくなります。

お風呂から上がるときには、キレイに掃除してから出ると家族に喜ばれます。お風呂掃除は家事のなかでも消費エネルギーが高く、エクササイズの一環になるのでダイエットにもおすすめです。

湯船の中で自転車こぎ

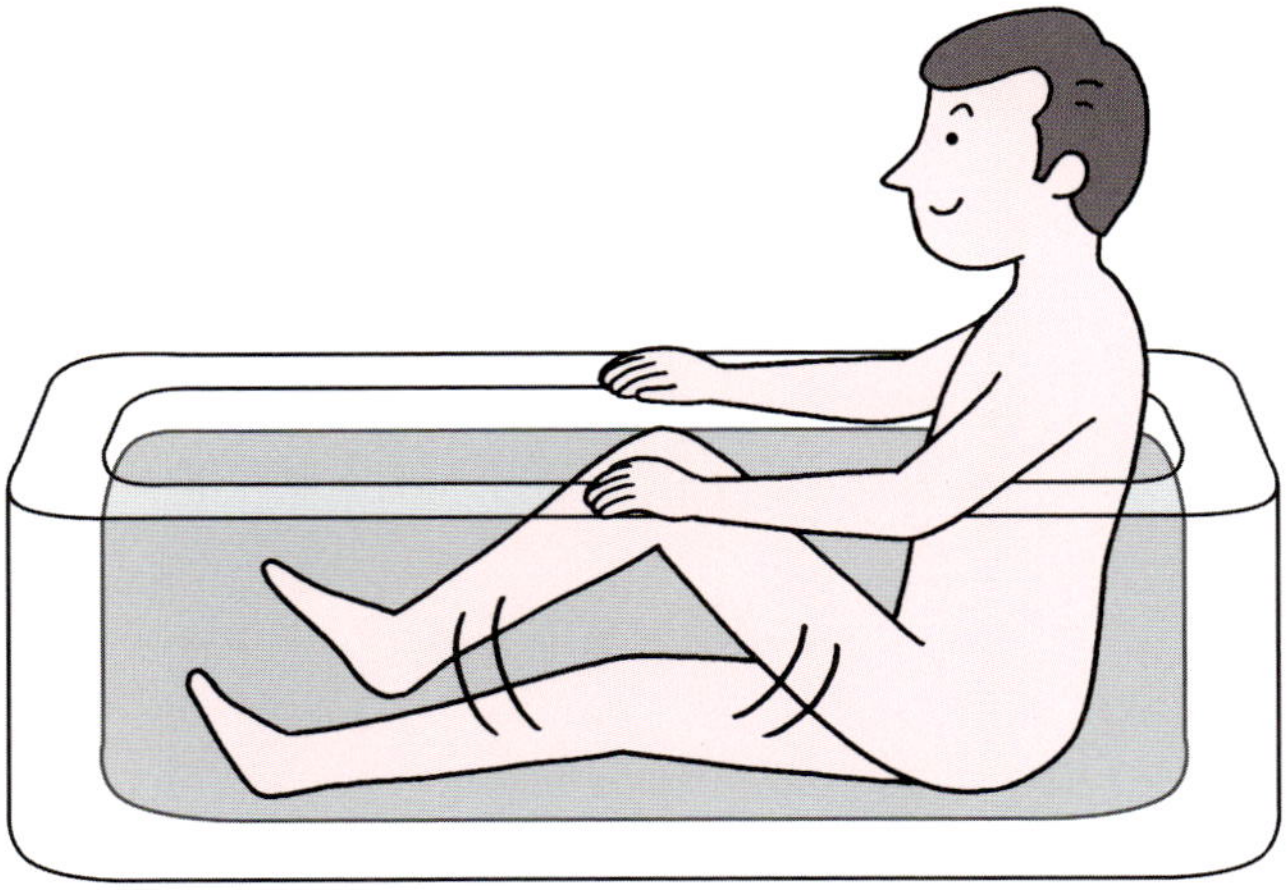

1 浴槽のふちに両腕をのせ、体を安定させる。

2 背筋を伸ばして浴槽の中に座り、自転車をこぐようにして足を片方ずつ動かす。

＊1分間続けたら30秒休む。これを3回繰り返す。
＊血圧が高めの人が入浴中に運動すると、急激に血圧が上昇する危険があるのでゆっくりリラックスして行う。

＊のぼせやすい人、高血圧で治療中の人は行わないでください。

メソッド 29

1杯の氷水で代謝アップ

冷たい水で水分補給と代謝アップ

入浴と運動で汗をかいたあとは、水分を必要としています。自転車こぎが終わったら、湯船の中で冷たい氷水を1杯飲みましょう。

冷たい水を体内に入れると、その温度を上げるためにエネルギーが使われて代謝がアップします。入浴で体を温めてから氷水で冷やし、それを温めるためにさらにエネルギーが使われるので、体内ではどんどんエネルギーがつくられています。

冬の寒い時期には氷水は欲しくないでしょうし、冷え症の人が無理して氷水を飲むと体が冷えてしまいます。

その点、湯船の中で飲めばほてった体がすっと冷えて気持ちいいですし、ダイエットに役立つのでぜひ試してみてください。

ただ、高血圧で服薬治療を受けている場合は、こうした急な温度変化は血圧が変動しやすいため危険です。そもそも、入浴中は脳梗塞や心筋梗塞など血管の病気が起こりやすい場所なので、高血圧の人は注意が必要。水分摂取は風呂上がりに常温の水を飲むようにしましょう。

湯船の中で氷水を1杯飲む

冷たい水を
温めるために
代謝がさらに
アップ!

入浴・運動後の水分補給は湯船の中で氷水を飲もう。
冷たい水を温めるためにエネルギーが
使われるのでダイエットに役立つ。
ほてった体も冷えて気持ちいい

メソッド

30

グレープフルーツで脂肪を燃焼

香りの作用で脂肪燃焼効果をアップ

ここ最近、湯船にグレープフルーツの皮を入れるようにしています。それは、グレープフルーツの皮に脂肪燃焼を高める作用があると聞いたからです。

グレープフルーツの皮に多く含まれるヌートカトンやリモネンという香り成分に、交感神経を刺激して脂肪の燃焼を促す作用があることが、動物実験で確認されています。ヒトで同じ効果があるかはわかりませんが、グレープフルーツのいい香りで脂肪が燃焼するならしめたもの。気持ちのいいダイエット風呂を楽しんでいます。

ほかにも、グレープフルーツの果皮付近に多く含まれている苦み成分ナリンギンには、血液中の脂肪酸の分解を促したり、食欲を抑制したり、花粉症などアレルギー症状を緩和したり、免疫力を高める作用があると言われていて、ダイエットにいいとされています。

柑橘類の香りにはリラックス作用やリフレッシュ効果もあります。グレープフルーツがないときには、グレープフルーツの香りがする入浴剤やアロマオイルを湯船に入れてもいいでしょう。

グレープフルーツのダイエット効果

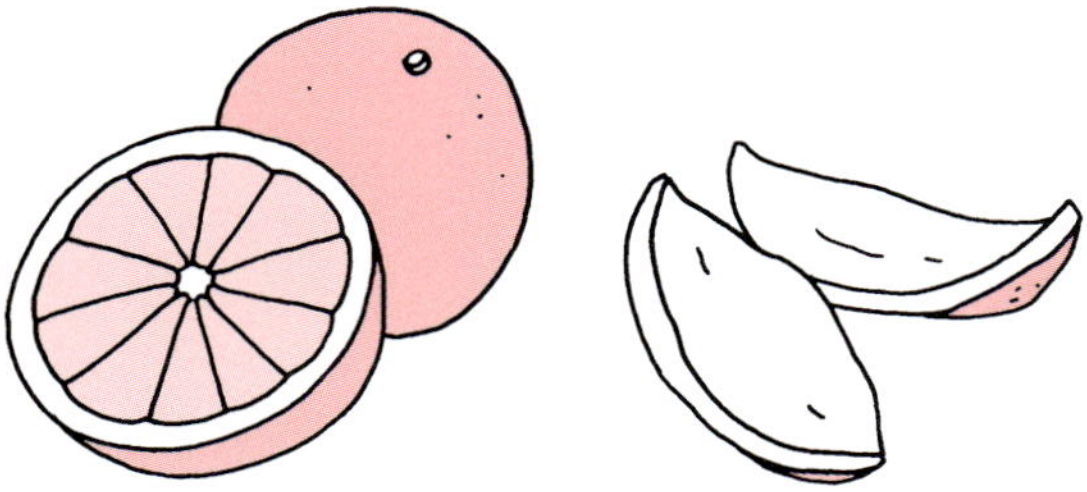

リモネン・ヌートカトン

交感神経を刺激してエネルギー代謝を高める

脂肪の燃焼を促すタンパクの合成を促す

中性脂肪の合成に関わる酵素の働きを阻害する

ナリンギン

血液中の脂肪酸の分解を促す

食欲を抑制する

ダイエット以外に、
リラックス作用やリフレッシュ効果も。
アレルギー症状の緩和、免疫力アップにも役立つ

メソッド
31

ゾンビ体操後にシャワー浴

ゾンビ体操ならシャワー浴でも代謝アップ

ゆっくり湯船につかる時間がないときや、疲れていてお風呂に入る元気がないとき、湯船につかるのがあまり好きではない人は、無理に入浴する必要はありません。

とはいえ、シャワー浴は入浴に比べると、体が十分温まりません。そこでおすすめなのが、ゾンビ体操（117ページ参照）をしてからのシャワー浴です。

ゾンビ体操は手や足を動かすので、全身の血流がよくなります。血液循環がよくなるとエネルギーが効率よくつくられて体温が上昇します。温まった血液が全身を循環するので、さらに多くの熱がつくられます。

全身の血管を温まった血液が流れるようになれば、エネルギー代謝がかなりアップしています。この状態ならシャワー浴でも十分、体が温まりますし、脂肪の燃焼も促されるでしょう。

脱衣所でゾンビ体操をしてもいいのですが、ゾンビ体操をしながら浴室に向かい、その動きを続けながら服を脱げば、シャワーを浴びる頃には体がポカポカと温まり、入浴と同じ効果が期待できます。

シャワーはゾンビ体操をしたあとで

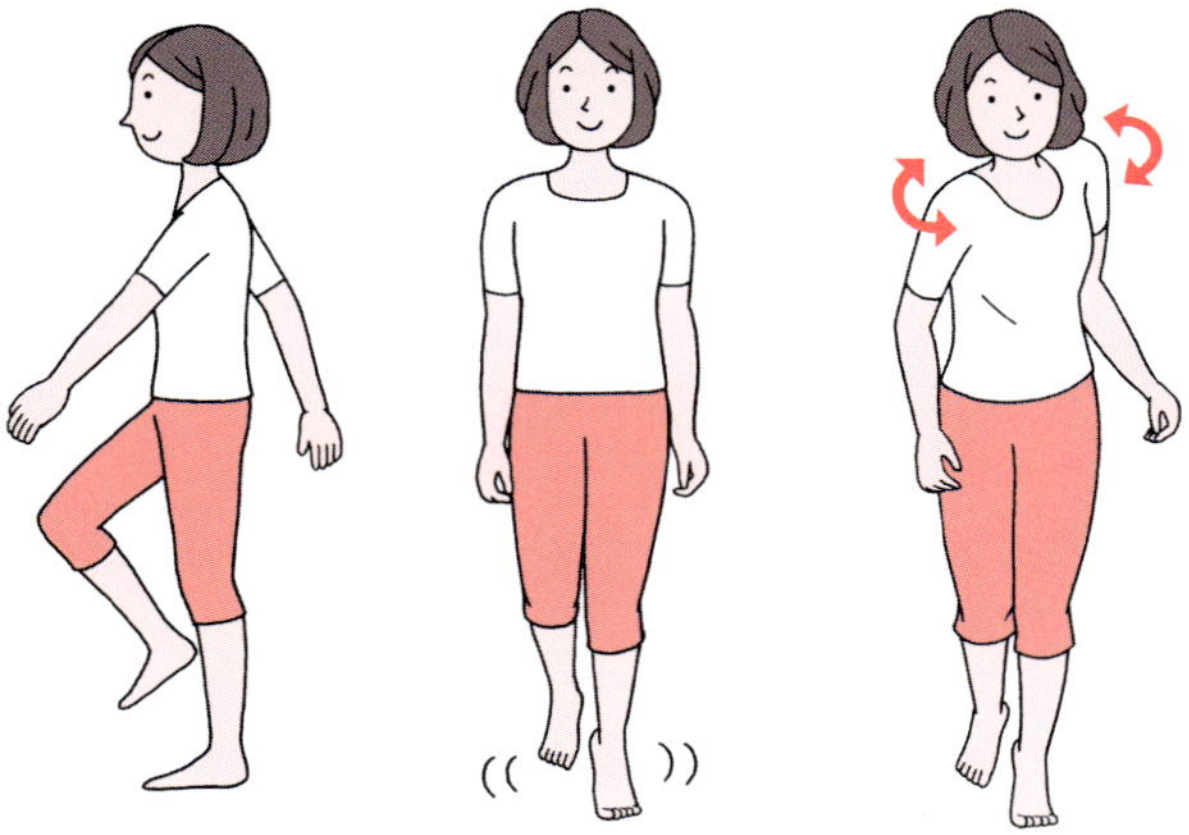

浴室までゾンビ体操をしながら移動する
その動きを続けながら洋服を脱ぐ
風呂場に入ったらすべると危険なのでゾンビ体操はやめる

全身の血流がよくなったところで
熱いシャワーを浴びる

メソッド
32

入浴後にも体重をはかる

夜の体重で1日の反省会

お風呂から上がったら体重をはかります。このときの体重が朝と同じか少しでも減っていれば、その日のダイエットは成功です。

もし朝の体重より増えていたら、その日の食事内容やどれくらい体を動かしたかを思い出して、「どうして体重が増えたのか」を考えましょう。

私は「**夜の体重測定は1日の反省会**」だと思って続けています。その日のことであればいつ、何を食べたのかを思い出しやすく、やせない理由、もしくは体重が増えた理由がわかりやすいからです。

私の場合は、日中に味の濃いものを食べたり、アルコールを飲んだりしたときに、水分の排泄がうまくできていないことが多いように感じます。この場合、翌日の朝に体重をはかると元に戻っているので「太った」わけではありません。水分が移動しているだけです。

体重が増えた理由がわかれば対策が考えられるし、水分による増量であれば心配することもありません。

体重の増減にあせらなくてすむのは、**毎日体重をはかっているから**です。

夜の体重で１日の反省会

体重が増えているときは食べすぎたか、動いていなかったかのどちらか。その日の行動を思い返して、反省会をしよう。それによって翌日の食事内容を調整すると、ダイエットの失敗を避けられる

メソッド 33

ダイエット日記をつける

体重や何を食べたかを記録しておこう

　せっかく体重をはかって反省会をするのですから、それを記録しておきましょう。体重は何kgか、何時に何を食べたのか、運動（家事なども含む）をどれくらいしたのかなどを書きとめておくと、しばらく時間が経ってからも客観的に把握できるので反省会に役立ちます。

　ダイエットの途中に、体重がなかなか減らなかったり増えてしまったりすることがあります。そんなときにこの記録が役立ちます。

　1週間前から前日までの記録をチェックすれば、知らないうちに糖質をとっていないか、運動量が少なかったのではないか、睡眠は足りているかなど「太る原因」を探ることができます。

　ダイエットの記録はなんでもかまいません。ダイエット用の記録ノートが市販されていますし、インターネットやアプリを探せば、無料で使えるダイエット記録用のツールがたくさんあります。

　インターネットやアプリは会員登録をして利用するものがほとんどです。こうしたサイトにはダイエットをしている仲間がたくさん参加していて、励

自分に合った方法で記録しよう

市販のダイエット日記やメモ帳などに、体重、食事の内容、運動などを記入する

インターネットやアプリを活用して、ダイエット記録をつける。ダイエット仲間がみつかり、お互いが励みになることもある。なかには管理栄養士など専門家のアドバイスが受けられるものもある

まし合ったり、ダイエットの情報交換ができたり、モチベーションアップにも役立ちます。

なかには、ほかの人のダイエット記録が見られるものもあります。ダイエットに成功している人がやっていることを参考にしてもいいでしょう。

ただ、なかには間違った情報もあります。ひとつだけの食品だけを食べる、ダイエットサプリメントを多量にとる、糖質をまったくとらないなど、極端なダイエットは見習わないようにしてください。

グラフにすると体重の変化がわかりやすい

患者さんのなかには、手書きのグラフを持参して体重を報告してくれる方もいらっしゃいます。体重の変化が目に見えるよう、グラフにしてみるのもいいものです。順調に体重が減っていればモチベーションアップになるでしょう。

もし、体重が一時的に増えたとしても、翌日の食事を見直して元に戻れば心配ありません。一時的に体重が減らなくなったときは、より厳密に糖質を制限したり、体を動かして消費エネルギーを増やしたりすれば、いずれまた体重は減っていくでしょう。

目標体重まで減量できたら、そこからはその体重の維持を目標にしましょう。おなかや二の腕、下半身など気になる部分を引き締めるために、筋トレを行うのもおすすめです。

ここまでくれば、毎日あなたが実践していることは、**がまんではなく習慣**になっているでしょう。**習慣になれば、もう太る心配はありません。**

前日に食べすぎたときには翌日の食事を控える、より若々しくやせたいときには運動をプラスするなど、目的に応じて必要なことを実践すればいいだけです。リバウンドの心配はありません。

体重の変化をグラフにしてみよう

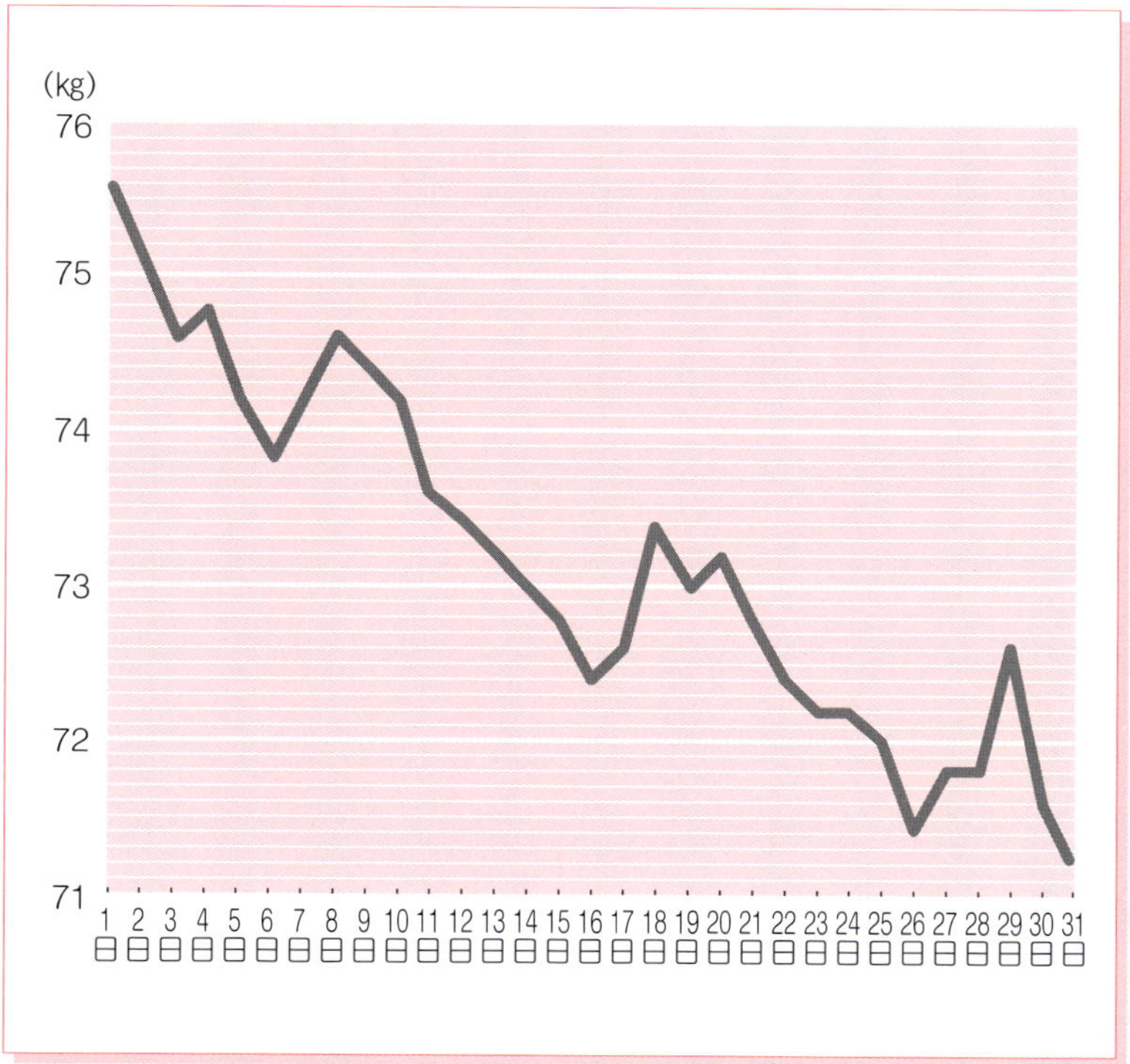

グラフにすると体重の変化がひと目でわかる。
順調に減っていればモチベーションアップになる

メソッド 34

しっかり眠ってやせ体質に！

眠らないとブクブク太る

　起きている時間が長いほうがエネルギーを消費してやせやすい、そんな勘違いをしている人がいます。コロンビア大学が１万８千人を追跡調査した結果、平均睡眠時間が４時間以下の人は７～９時間の人よりも73％も肥満になる確率が高く、**睡眠時間が短いほど肥満になりやすい**ことがわかっています。

　睡眠不足が太る原因となるのは、食欲をコントロールするレプチン、グレリンというホルモンが影響を与えているからです。睡眠不足になると空腹を感じさせるグレリンの分泌が増え、食欲を抑制するレプチンが減少します。簡単に言うと、**睡眠時間が短いと、空腹感を覚えやすく、食欲が増進されてしまう**のです。夜中に起きているとき、むしょうにおなかが減ったことはありませんか。それは、このグレリンとレプチンのせいです。

　また、睡眠不足だと起きている間のパフォーマンスが落ちてしまいます。疲れているのでエネルギー補給をしようと食欲が増し、食べてさらに太るという悪循環に陥ります。ダイエットと健康のためには、しっかり眠りましょう。

眠らない人ほど太りやすい

夜遅くまで起きていたり、睡眠不足の状態が続くと、
食欲に関するホルモンのバランスが崩れて
むしょうに食べたくなってしまう

メソッド
35

睡眠導入剤よりも自然な眠り

次の日に眠気がなければ心配ない

今の日本では眠れなくて悩んでいる人がたくさんいます。睡眠は大切ですし、健康のためにも眠ったほうがいいのですが、だからといって睡眠導入剤を使ってまで眠る必要はないと考えています。

「平成26年国民健康・栄養調査結果の概要」（厚生労働省）によると、日本人の平均睡眠時間は7時間弱、20～50代では6時間より少し長い程度です。70代以上でも女性は7時間未満になっています。

あなたの睡眠時間は何時間ですか？　**6時間以上眠れていれば、睡眠不足ではありません**。もし、それより短かったとしても、日中にがまんできないくらいの眠気におそわれないのであれば睡眠は不足していません。

もし、眠気があったとしても、20～30分程度の昼寝をとって解消できるなら問題ありません。昼間のパフォーマンスが落ちていないなら、**眠れないことに神経質になる必要はない**のです。

睡眠について正しく理解しよう

患者さんから眠れないと相談されることがよくあ

6時間以上眠れていればOK

日本人の平均睡眠時間（2014年）

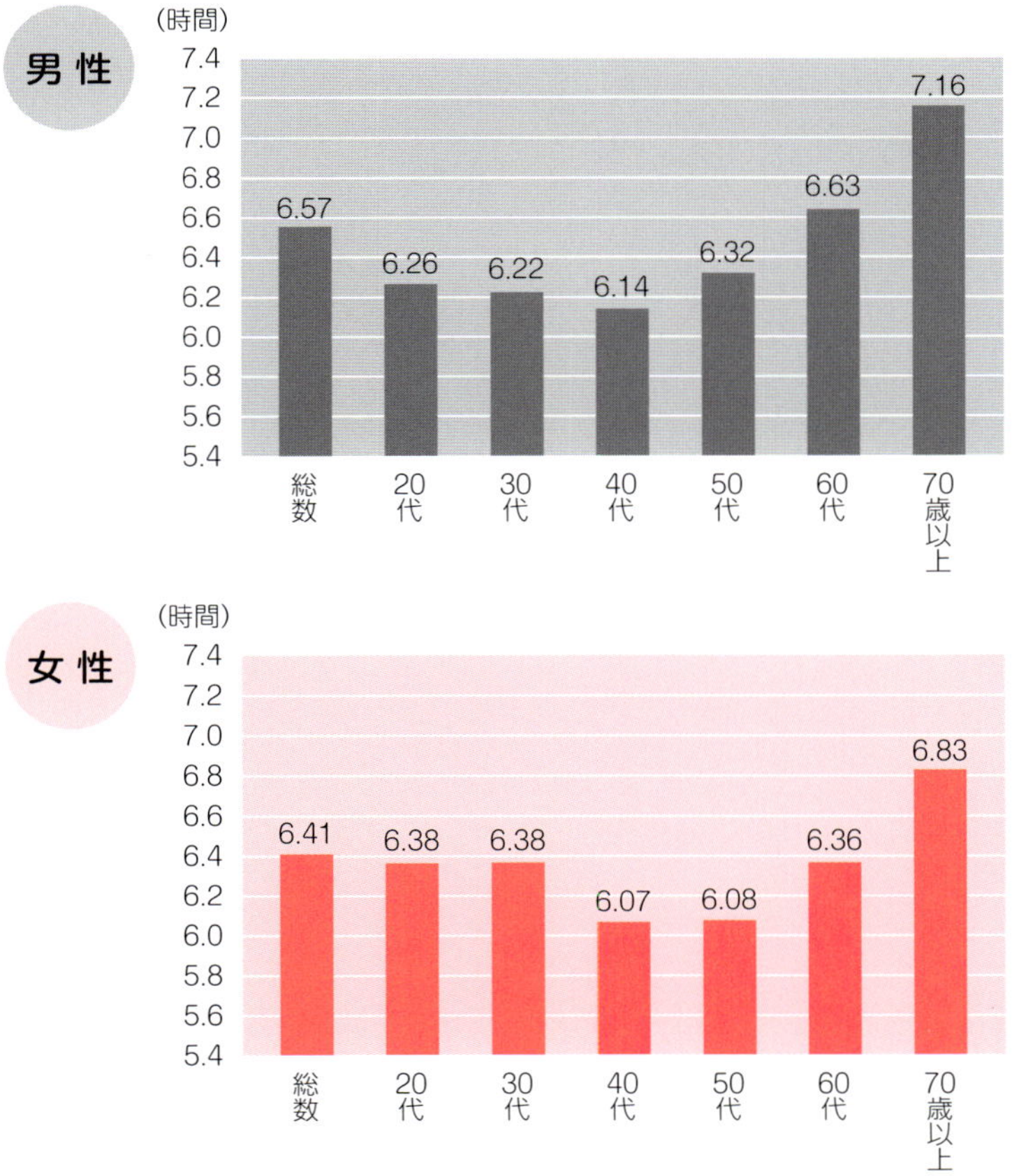

＊「国民健康・栄養調査」（平成26年）より作成

ります。以前は「眠れたほうがいいだろう」と考えていたので睡眠導入剤を処方していましたが、最近になって、睡眠導入剤を服用している人は将来寝たきりになるリスクが高いという研究報告を知り、それ以降、できるだけ処方しないようにしています。

患者さんの話をよく聞いてみると、こんな例が多いように感じます。

例えば「夜9時など早い時間に布団に入って朝4時など早朝に目が覚める」。この場合、平均睡眠時間が7時間であることを考えれば、睡眠時間は十分とれています。眠る時間が早すぎるだけです。

また、「ずっと眠れていなくて。すごく不安です」という患者さんは、よく話を聞いてみるとウトウトとまどろんでいる時間がありますし、日中に昼寝をしているので、まったく眠れていないというわけではありませんでした。

こうした場合は、眠る時間を少し遅くしたり、日中の昼寝の時間を減らしたりすれば、夜眠れるようになります。睡眠導入剤を飲まなくても、日常生活の過ごし方を変えれば、自然に眠れるようになるのですから、薬を飲む必要はありません。

なかには、どうしても薬が欲しいという患者さんもいますが、これは薬を飲んだから眠れるという安心感のために飲んでいるように感じます。

患者さんへの睡眠導入剤の処方をできるだけ減らすようになって気がついたのですが、薬を飲まなくても眠れるようになりますし、たとえ何回か夜中に目覚めたとしても、自然に眠れるようになった患者さんは皆さん目がキラキラして以前より生き生きしています。

薬に頼って眠るよりも、自然に眠るほうがいい、そう実感しています。

生活を見直せば薬を飲まなくても眠れる

起きる時間から眠る時間を逆算する（早く寝すぎないようにする）、
昼寝の時間をたくさんとらないようにする、
寝る前にカフェイン含むコーヒーや紅茶、緑茶を飲んだり、
パソコンや携帯やタブレット端末を見たりしない

編集　仁藤輝夫　藤川恵理奈
編集協力　大政智子
本文、カバーデザイン・DTP　富永三紗子
イラスト　瀬川尚志
校正　中島海伸

【著者紹介】
池谷敏郎 Toshiro Iketani
池谷医院院長。医学博士。
1962年、東京都生まれ。1988年、東京医科大学医学部卒業後、同大学病院第二内科入局。1997年、医療法人社団・池谷医院院長兼理事長に就任。東京医科大学客員講師、日本内科学会認定総合内科専門医、日本循環器学会認定循環器専門医。テレビ番組『世界一受けたい授業』『林修の今でしょ！講座』『深層NEWS』『モーニングショー』などに出演、わかりやすい医学解説が好評を博している。著書に『血管の名医が教える15歳若返る習慣』（三笠書房〈知的生きかた文庫〉）、『血管・骨・筋肉を強くする！ゾンビ体操』（アスコム）『人は血管から老化する』（青春出版社）など多数。

ダイエットの新習慣

2016年6月1日　初版第1刷発行

著　　者　池谷敏郎
発 行 者　原　雅久
発 行 所　朝日出版社
〒101-0065
東京都千代田区西神田3-3-5
電話 03-3263-3321（代表）
http://www.asahipress.com
印刷・製本　図書印刷株式会社

ISBN978-4-255-00923-0 C0076